G. B. Weber

Tischlern leicht gemacht

Dieser Band erscheint in der Reihe

Fachwissen für Heimwerker

Mauern leicht gemacht
Schlossern leicht gemacht
Malern leicht gemacht
Decken, Wände und Fußböden gestalten leicht gemacht

Weitere Bände befinden sich in Vorbereitung.

G. B. Weber

Tischlern leicht gemacht

Verlagsgesellschaft Rudolf Müller · Köln-Braunsfeld

ISBN 3—481—29201—5
© Verlagsgesellschaft Rudolf Müller, Köln-Braunsfeld 1972
Umschlaggestaltung: Hanswalter Herrbold, Opladen
Druck: A. Hellendoorn, Bentheim
Printed in Germany

Vorwort

Es gibt zahllose Hobbys als Ventil für Neigungen, die im Beruf zu kurz kommen oder überhaupt nicht beruflich zu realisieren sind. Die schönsten Hobbys sind allemal diejenigen, die dem fast jedem Menschen innewohnenden Trieb zu eigener schöpferischer Gestaltung entgegen kommen. Kaum ein anderer Werkstoff ist dazu besser geeignet als Holz mit seinen natürlichen Eigenschaften, seinen technisch perfekten Bearbeitungsverfahren und seinen vielfältigen Einsatzmöglichkeiten.

Dieses Buch soll dem Heimwerker, der das Tischlern zu seinem Hobby machen will, die Grundregeln werkgerechten Gestaltens nahe bringen. Durch den technischen Fortschritt und das Riesenangebot auf dem Heimwerkermarkt ist es heute auch dem handwerklich ungeübten Laien möglich, erstaunliche Leistungen zu vollbringen.

Der anwendungstechnische Teil dieses Buches bringt einen Querschnitt, der die heute üblichen Praktiken des Konstruierens mit Holz aufzeigt. Die Zeichnungen sind einfach gehalten, so daß sie gut zu verstehen sind. Sogenannte »Explosionsdarstellungen« erleichtern die Montage. Jedes Einzelbauteil hat eine Nummer, die mit der Nummer in der entsprechenden Stückliste identisch ist. Daraus können auch die Maße der Bauteile entnommen werden, die wegen ihrer einfachen Form nicht besonders abgebildet sind.

Zum Bau der als Muster und Anregung für eigenes Gestalten dienenden Modelle ist keineswegs eine komplett eingerichtete Tischlerwerkstatt erforderlich. In den meisten Fällen genügt die beschriebene Grundausrüstung mit Werkzeugen, wie sie eigentlich in jedem Haushalt zur Ausführung von Reparaturen vorhanden sein sollten. Auf eine elektrische Bohrmaschine kann allerdings kaum verzichtet werden. Wichtigste Voraussetzung neben gutem Werkzeug ist aber vor allem Geduld und der feste Wille zu sorgfältiger Qualitätsarbeit.

München, im Juli 1972

Das wünscht Ihnen
G. B. Weber

Inhalt

Holz als Werkstoff

Wir wollen hier nicht die Frage aufwerfen, warum Holz seit Menschengedenken bis in unsere Zeit ein so beliebter Werkstoff ist. Darüber ist in vielen Büchern schon genügend geschrieben worden. Uns interessieren hier in erster Linie die für Werkarbeiten zu Hause in Betracht kommenden Holzarten, ihre Eigenschaften und die daraus resultierenden Verwendungsmöglichkeiten. Freilich, man sollte nicht gleich aus allem eine Wissenschaft machen. Aber gerade die Verarbeitung von Holz wirft mancherlei Probleme auf, über die Bescheid wissen muß, wer Mißerfolge vermeiden will.

1   Querschnitt durch einen Baumstamm (Hirnschnitt)

Jedes Stück Holz, das für irgendeinen Zweck verarbeitet wird, stammt von einer ganz bestimmten Stelle eines Baumstammes. Diese läßt sich anhand des Verlaufes der Maserung bestimmen, woraus sich gleichzeitig die Güte des Holzstückes und seine Verhaltensweise bei unterschiedlicher Luftfeuchtigkeit ergeben.

Abbildung 1 zeigt die Wachstums- beziehungsweise Jahresringe an einem Stammquerschnitt. Innen liegen sie sehr dicht beieinander. Deshalb finden sich hier die festesten und weitgehend verzugsfreien Bretter erster Güte — die sogenannten Kernbretter. Das Material rund um den Kern nennt man Splintholz. Bretter aus dieser Zone sind Mittelbretter, die zum Verziehen neigen, weil das weichere Splintholz mehr Feuchtigkeit aufnimmt. Dafür haben Mittelbretter die reizvollste Maserung. Die daran anschließenden Seitenbretter machen naturgemäß die größten Schwierigkeiten. Sie wölben sich mit Sicherheit. Und interessanterweise nicht etwa in Richtung der ursprünglichen Rundung des Stammes, sondern genau entgegengesetzt. Der Tischler spricht übrigens bei der nach außen gewölbten Seite von der »rechten« Seite und bei der hohlgewölbten von der »linken« Seite (2). Abschließend sind die Außenbretter zu erwähnen, an denen meistens noch Bast und Rin-

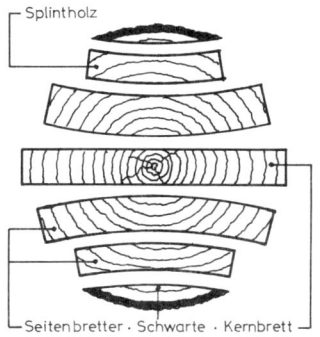

2   Am Verlauf der Jahresringe voraussehbare Wölbung der Seitenbretter

9

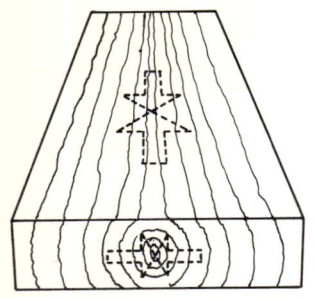

3 Kernbretter schwinden kaum, Seitenbretter höchstens in der Breite.

denreste haften. Diese »Schwarten«, wie man sie auch nennt, werden zwar als Abfall betrachtet, doch kann man sie herrlich als Baumaterial für Gartenlauben und Indianerhütten verwenden.

Ein letztes Unterscheidungsmerkmal sei hier noch der Vollständigkeit wegen erwähnt. Bretter, die in Längsrichtung des Stammes geschnitten sind, nennt man Langholz, in Querrichtung, was nur in speziellen Fällen vorkommt, Hirnholz.

In der Länge arbeitet das Holz nur unerheblich, dagegen kann beim Austrocknen das Zusammenziehen (Schwinden) in Querrichtung unter Umständen bis zu 10 % betragen. Wölben und Schwinden sind also die Hauptkriterien, denen der Tischler von alters her beizukommen trachtet (3). Es gibt eine ganze Anzahl kleiner Tricks, die im allgemeinen bei der Verarbeitung von Naturholz angewendet werden müssen. Für den rechten Tischler ist das aber eher ein sportlicher Ehrgeiz als ein Grund, der seiner Liebe zu diesem schönen und edlen Werkstoff Abbruch tun könnte. Freilich hat die Industrie, die technischen Mängel des Holzes ins Kalkül ziehend, in den Hartfaser- und Spanplatten Werkstoffe für die Massenfertigung entwickelt, die diese Nachteile nicht aufweisen. Aber auch sie haben wieder andere Fehler wie geringe Biegefestigkeit und die unangenehme Neigung zum Ab- und Ausbröseln. Vor allem aber ist es die langweilige Oberfläche, die in keiner Weise, auch nicht annähernd, die fast künstlerische Schönheit gewachsenen Holzes erreicht und die eine Verwendung im Urzustand für Gegenstände mit höherem Anspruch praktisch ausschließt.

Holzarten, Eigenschaften und Verwendungsbereiche

Grob unterschieden gibt es Weichholz und Hartholz. Das weichste einheimische Holz liefert unsere Pappel. Es ist ein leichtes und splitterfreies Holz, weshalb es gern für die Herstellung von Sperrholz sowie für Kisten und Ver-

schalungen verwendet wird. Leider ist es etwas groß-
porig und nicht sehr schnittfest. Für Schnitzarbeiten
eignet sich deshalb besser das ebenfalls sehr weiche
Lindenholz, das aber im Gefüge fester ist und sich in
allen Richtungen gleich gut schneiden läßt. Zu den aus-
gesprochenen Weichhölzern zählen übrigens auch noch
Birken und Birnbaumholz. Das gebräuchlichste Weichholz jedoch, mit dem der Heimwerker überwiegend zu
tun hat, ist das Fichtenholz. Es ist sehr gut zu bearbeiten, durch seine Langfaserigkeit elastisch und tragfähig.
Auch seine Dauerhaftigkeit ist zufriedenstellend, wenn-
gleich das Fichtenholz etwas empfindlich gegen Witterungseinflüsse ist. Es schwindet jedoch nur wenig.

4 Beim Aneinanderreihen von
Brettern gleiche Wölbungsrich-
tung beachten.

Aus all diesen Gründen gilt das Holz der Fichte als
nahezu idealer Werkstoff des Tischlers in Form von
Brettern, Leisten, Kanthölzern und Balken. Ähnlich im
Aufbau sind Kiefern-, Föhren- und Tannenholz. Diese
Holzarten sind zäh und dauerhaft, unempfindlicher gegen
Witterungseinflüsse, dafür aber weniger elastisch und
meist stark harzhaltig. Man nennt diese Harzeinschlüsse
»Harzgallen«. Sie müssen vor allem dann, wenn die
Oberfläche gebeizt oder mit einem Überzug versehen
werden soll, ausgebohrt oder -gestochen werden (4).

Als Hartholz bezeichnet man das Holz von Buche und
Eiche. Beide sind schwer zu bearbeiten. Ihre technischen Eigenschaften sind unterschiedlich. Buchenholz
ist sehr dicht und kurzfaserig, deshalb wenig elastisch.
Es arbeitet stark, ist empfindlich gegen Feuchtigkeit und
nur trocken dauerhaft. Eiche dagegen ist weniger dicht
und langfaserig, trotzdem sehr fest und gleichzeitig
elastisch. Das Kernholz — und nur dieses ist verwendbar — ist zäh, dauerhaft und arbeitet nur mäßig. Beide
Holzarten haben für den heimwerkenden Tischler nur
geringe Bedeutung, weil ihrer praktischen Verwendung
recht enge Grenzen gesteckt sind (Abb. 5: Flügeläste).
Gleichwohl bringen wir im anwendungstechnischen Teil
dieses Buches als typisches Arbeitsbeispiel den Bau
einer Gartenlaube, bei dem die Verwendung von Hartholz unabdingbar ist.

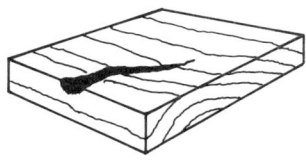

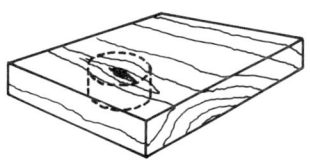

5 Bretter mit Flügelästen sind
nur bedingt verwendbar. Astlöcher
können ausgebohrt und mit Holz-
pfropfen verschlossen werden.

Grundsätzlich muß beim Einkauf von Schnittholz beachtet werden, daß das Holz gut trocken, weitgehend frei

11

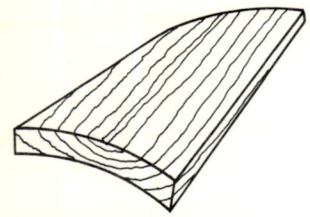

6   Drehwüchsiges Holz ist nicht zu gebrauchen.

von Aststellen und Rissen ist. Vorsicht vor allem auch bei Fichtenholz, das rötlich gefärbte Streifen aufweist. Diese Partien sind meist härter als die hellen. Man bezeichnet sie als nagelhart oder rothart. Ein anderer sehr unangenehmer Holzfehler ist der sogenannte Drehwuchs (6). Bretter, die am einen Ende, zum Beispiel nach links, am anderen nach rechts verwunden sind, sollte man von vornherein ablehnen. Sie stammen von Bäumen, die spiralig gewachsen sind. Entsprechend ergibt sich ein Verzug, der die Verwendung solcher Bretter für anspruchsvolle Konstruktionen absolut ausschließt. Es gibt in der Tat bis heute keinen Trick, mit dem man den Drehwuchs zuverlässig beherrschen könnte. Ausgesprochene Holzkrankheiten sind im allgemeinen nicht leicht zu erkennen. Auf jeden Fall ist Vorsicht bei fleckigen oder streifigen Verfärbungen geboten. Meist sind diese Stellen ungewöhnlich weicher.

Für den Heimwerker, der all diese Schwierigkeiten scheut, die bei der Verarbeitung von Naturholz auftreten können, steht eine breite Palette anderer Holzwerkstoffe zur Verfügung. Die Bevorzugung solcher Industrieerzeugnisse ist vor allem dann verständlich, wenn der Hauptvorzug des Naturholzes — seine unbestritten ästhetische Schönheit — am Fertigprodukt durch Übermalung oder Beschichtung nicht zur Wirkung kommt, das heißt unsichtbar gemacht worden ist.

Einer der Ausgangsstoffe zur handwerklichen oder industriellen Fertigung von Platten ist das *Furnier.* Es wird auf verschiedene Weisen gewonnen.

Man spricht von Sägefurnier, wenn Bretter in 1—3 mm Dicke von Holzblöcken abgesägt werden. Dieses Furnier ist das beste, allerdings auch wegen des hohen Schnittverlustes das teuerste. Das Verfahren wird heute nur noch bei besonders harten und spröden Hölzern angewandt.

Das sogenannte Messerfurnier wird mit einem breiten Messer von einem halbierten und vorher gedämpften Stamm abgetrennt. Auch hier bleibt die natürliche Maserung erhalten. Messerfurniere gibt es praktisch in allen Edelholzarten (7).

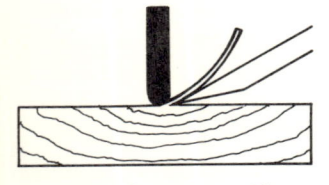

7   Herstellung von Messerfurnierholz

12

Ein noch billigeres Verfahren zur Gewinnung langer Furnierbahnen ist das Abschälen von einem sich drehenden, vorher ebenfalls gedämpften Stamm mittels eines breiten Messers. Schälfurniere (8) haben erklärlicherweise keine als natürlich empfundene Maserung und werden deshalb kaum als Deckfurniere verwendet, sondern überwiegend für die Fertigung von Sperrplatten und als Unter- beziehungsweise Blindfurnier beim Furnieren benutzt.

Schließlich ist noch das Mikrofurnier zu erwähnen, das in 0,1 mm Dicke ebenfalls abgeschält wird und im Handel als selbstklebende Naturholzfolie erhältlich ist.

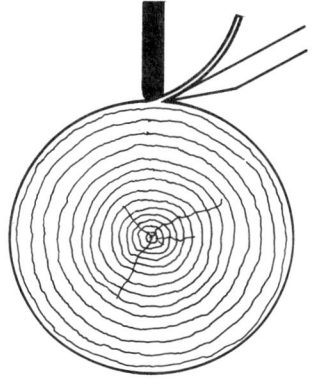

8 Herstellung von Schälfurnier

Das fachgerechte Furnieren ist eine Sache, die sich der heimwerkende Amateurtischler dreimal überlegen sollte. Manche Möbel mit aufgeblähtem oder gar aufgerissenem Furnier zeugen davon, daß selbst Profis nicht vor Pannen sicher sind. Auf jeden Fall sollte man vom Furnieren größerer Flächen Abstand nehmen.

Einer der für den Heimwerker interessanten Holzwerkstoffe, der aus Schälfurnier hergestellt wird, ist das *Sperrholz* (9). Es besteht aus einer stets ungeraden Zahl von Furnierplatten, die in ihrer Faserrichtung versetzt sind. Dadurch wird zwar das Arbeiten des Holzes praktisch unterbunden, keineswegs aber das Verziehen größerer Platten. Jede Bemalung oder Beschichtung sollte stets beidseitig erfolgen. Sperrholz verwendet man als Möbelrückwände, für Türfüllungen, Schubladenböden und viele Bastelarbeiten.

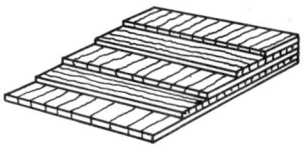

9 Aufbau von Sperrholz

Tischlerplatten (10) bestehen aus einer Mittellage aneinander geleimter Leisten oder Holzstäbe aus Weichholz mit je einem Furnier auf Ober- und Unterseite.

Leistenverleimte Tischlerplatten ohne bestimmte Richtung der Jahresringe bei den verwendeten Stäben sind die billigsten. Sie können an der Oberfläche uneben werden.

Blockverleimte Tischlerplatten haben Stäbe als Mittellage, deren Jahresringe regelmäßig gegeneinander versetzt sind. Sie verziehen sich nicht, sind aber zum Furnieren wie auch zur weiteren Oberflächenbehandlung nicht besonders geeignet.

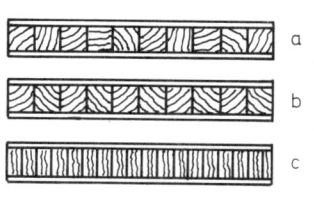

10 Tischlerplatten: a leistenverleimt, b stabverleimt, c stäbchenverleimt (beste Qualität)

Die teuersten und in der Tat besten Tischlerplatten sind die sogenannten stäbchenverleimten Platten. Die Mittellage besteht hierbei aus gleichmäßig dicken Stäben, deren Jahresringe durchweg in einer Richtung senkrecht zur Platte stehen. Diese Tischlerplatten können sich keinesfalls verziehen und werden unter anderem auch als Trägerplatten für Schichtstoffe verwendet.

Hartfaserplatten bestehen aus mit Kunststoff versetzten Holzfasern, die unter hohem Druck auf Sieben gepreßt werden. Ihre Oberseite ist glatt und wirkt wie poliert. Die Unterseite dagegen ist vom Sieb herrührend rauh. Sie neigen beim Sägen mit dem Fuchsschwanz an den Kanten zum Ausfransen, was auch durch nachträgliches Schleifen mit Feinsandpapier nur unzureichend beseitigt werden kann. Trotzdem ein preiswertes Material, das für Möbelrückwände, Schubladenböden und ähnliches verwendet werden kann, namentlich, wenn es auf der blanken Seite mit meist weißem Schichtstoff versehen ist.

Die blanke Seite ist auch hervorragend zur Beschichtung mit verschiedenfarbigen Selbstklebe-Kunststoff-Folien geeignet.

Ein von Heimwerkern besonders bevorzugtes Material ist die *Spanplatte* (11). Sie besteht aus Holzspänen, die mit Kunstharz verleimt sind. Es gibt Grob- und Feinspanplatten. Sie sind erheblich billiger als Tischlerplatten. Die handelsüblichen Dicken betragen 8, 10, 13, 16, 20, 22 und 25 mm. Spanplatten haben den unbestreitbaren Vorteil, daß man bei ihrer Verarbeitung keinerlei Rücksicht auf Faserverlauf oder Verwindungsgefahren nehmen muß. Sie sind zwar sehr schwer und das Sägen mit der Hand ist wegen ihrer Härte etwas mühsam, das schmälert aber keineswegs ihre zunehmende Beliebtheit als fast idealer Werkstoff des Heimwerkers.

Es darf jedoch nicht verschwiegen werden, daß Spanplatten keinen allzu großen Belastungen ausgesetzt werden können. Als Fachbretter, zum Beispiel für Bücherregale, sind sie ungeeignet, wenn sie nur an den äußeren Schmalseiten abgestützt werden. Die dabei auftretende Durchbiegung ist sogar von Dauer.

Etwas günstiger sind die kunststoffbeschichteten Span-

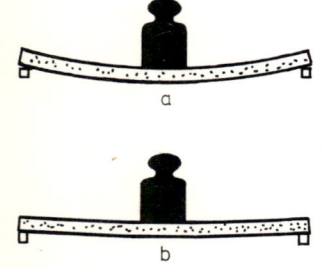

11   Übliche rohe Spanplatten (a) biegen sich unter Belastung stärker durch als kunststoffbeschichtete Spanplatten.

platten, die man in Hobby-Geschäften meist mit weißer Beschichtung matt oder auch hochglänzend erhalten kann. Hier wirkt sich die Beschichtung etwas stabilisierend aus. Kunststoffbeschichtete Spanplatten können nur mit Widiastahl bestückten Sägeblättern gesägt werden. Trotzdem ist immer damit zu rechnen, daß die beim Sägen auf der Kreissäge unten liegende Kunststoffschicht an der Kante etwas einsplittert. Zum Beschichten der Kanten, die vorher glattzuschleifen sind, gibt es entweder entsprechende selbstklebende oder mit dem Bügeleisen aufzubügelnde Bänder. Überstehende Ränder werden einfach mit dem Ziehmesser weggeschnitten und die Kanten anschließend mit dem Feinschleifklotz gebrochen.

Spanplatten finden heute überwiegend in der Möbelindustrie Verwendung. Für den Heimwerker ist ihr Verwendungsbereich praktisch unbegrenzt.

Die Werkzeuge des Tischlers

Um es gleich vorweg zu sagen, es gibt heute eine große Anzahl von Spezialwerkzeugen, mit denen ganz bestimmte Arbeiten rationeller als mit konventionellen Werkzeugen ausgeführt werden können. Verblüffend, was da an arbeitserleichternden Hilfsmitteln angeboten wird. Aber lohnt sich der Kauf wirklich, wo es doch beim heimischen Werken meist um Einzelstücke geht und der Zeitaufwand in der Regel keine Rolle spielt? Wohl kaum. Deshalb soll hier auch in erster Linie von der Grundausstattung mit herkömmlichem Werkzeug die Rede sein. Wichtiger als Spezialwerkzeug ist allemal die Frage der Notwendigkeit und der Qualität der Werkzeuge. Schlechtes Werkzeug verdirbt die Freude an fachgerechter, sauberer Arbeit.

Messen und Anreißen

Eine der wichtigsten Voraussetzungen dafür ist das Messen, Anreißen und -zeichnen. Der *Zollstock* ist immer noch nicht ausgestorben. Sein Name ist übrigens ebenso anachronistisch wie unpassend, weil heute darunter gemeinhin ein Maßstab aus einzelnen Buchenholzgliedern verstanden wird, die untereinander mit federnden Blechgelenken verbunden sind. Vielfach wird aber dem *Stahlbandmaß* der Vorzug gegeben, das mit einem Anschlagwinkelchen am Ende aus einer Runddose herausgezogen wird und nach Gebrauch selbsttätig zurückschnellt (12). Die Wölbung des Profils ergibt eine gewisse Steifigkeit, wie sie bei Freimessungen erforderlich ist. Andererseits hat das Stahlbandmaß den unbestreitbaren Vorteil, daß man damit auch Messungen an gekrümmten Flächen vornehmen kann. Gegen Rost schützt leichtes Einfetten.

Absolut unentbehrlich sind Hilfsmittel, die zum genauen Anreißen und Anzeichnen dienen. Zu Bleistift und An-

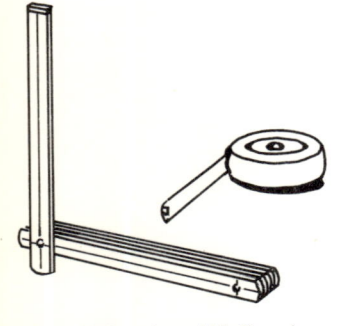

12   *Zollstock und Maßband*

16

reißnadel gehört vor allem der *Anschlagwinkel* (13), den es in einfacher Holzausführung oder auch mit einem Stahlblechschenkel gibt. Größere Anschlagwinkel sind meist ganz aus Stahl oder Aluminium.

Sehr nützlich ist ein *Streichmaß* (14) zum Anreißen von Linien parallel zur Brettkante, zum Beispiel für Bohrungen, die genau den gleichen Abstand von der Kante haben müssen oder auch für auszustemmende oder auszufräsende Schlitze und dergleichen.

Schließlich ist, namentlich zum Übertragen und Anzeichnen komplizierterer Formen auf Platten ein flaches *Stahllineal* von mindestens 50 cm Länge ebenso erforderlich wie ein flacher, gleichschenkliger *Stahlwinkel.*

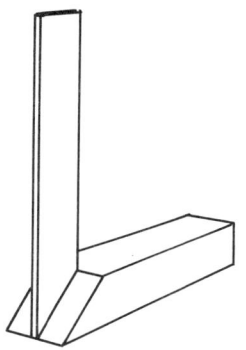

13   *Anschlagwinkel mit Gehrung*

Auch auf einen *Zirkel,* mit dem man wenigstens Radien bis 12 cm Länge einstellen kann, ist kaum zu verzichten. Bei größeren Rundungen hilft man sich besser mit einem schnell gebauten Behelfszirkel, statt sich gleich einen teuren Tischlerzirkel zu kaufen.

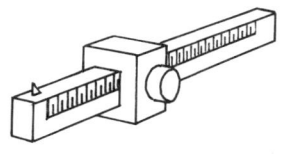

14   *Streichmaß*

Angezeichnete Bohrlöcher müssen mit einem *Körner* (15) angekörnt werden, damit der Bohrer nicht davonläuft. Oft kann durch solch eine relativ geringfügige Unterlassungssünde ein Werkstück verdorben werden.

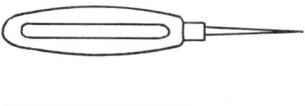

15   *Vorstecher und Körner*

Sägen

Sägen verschiedener Art nehmen in der Grundausstattung der Tischlerwerkstatt einen wichtigen Platz ein. Da sich der Arbeitsbereich des Heimwerkers vom Holzspielzeug über Kleinmöbel bis zu großen Schrankwänden erstreckt, ist das Vorhandensein verschiedenster Sägen unabdingbar.

Da ist zunächst die *Laubsäge* (16) mit Sägebrett. Die beste Laubsäge ist gerade gut genug. Sich lösende Griffe, schräg verkantete Sägeblätter, ausleiernde Flügelmuttern und was der Mängel billiger Laubsägen mehr sind, lassen kein gutes Arbeiten zu. Eine große Anzahl unterschiedlicher Sägeblätter machen die Laubsäge zu einem auch für Metallarbeiten vielseitig verwendbaren

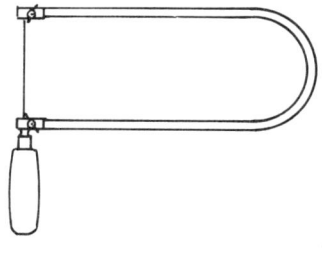

16   *Laubsäge*

17

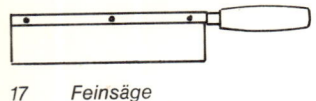

17   Feinsäge

18   Gehrungsschneidlade

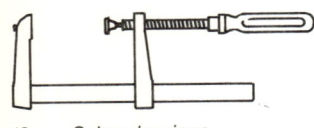

19   Schraubzwinge

19a   Spannwerkzeug zum Kanten umleimen

20   Fuchsschwanz

Werkzeug, das nach einiger Übung Präzisionsarbeit erlaubt. Einzige Bedingung ist das genau senkrechte Führen des Sägeblatts.

Zum Ablängen von Leisten sowie zum Herausarbeiten von Nuten oder sonstigen Aussparungen aus Platten ist eine *Feinsäge* (17) erforderlich, die auch Zapfensäge genannt wird. Sie hat eine sehr feine Zahnteilung. Die an der Oberkante des Sägeblattes befestigte Leiste, an deren Ende sich der Griff befindet, nennt man Angel. Es gibt Feinsägen mit gerader, fest angenieteter Angel und gekröpfter, umlegbarer Angel.

Wer nur hin und wieder Leisten im Winkel von 45° abschneiden muß — man nennt das »auf Gehrung sägen« —, braucht dazu keine spezielle Gehrungssäge. Hier tut's auch eine sogenannte *Schneidlade* (18). Nur ausgesprochene Sägespezialisten bringen eine saubere Gehrung frei aus der Hand zustande.

Eine wichtige Voraussetzung für gute Sägearbeit ist nicht nur die richtige Blatthaltung, sondern in gleichem Maße der feste Halt des Werkstücks. Dafür gibt es *Schraubzwingen* (19) verschiedener Größen, die vor allem auch bei Montagearbeiten gute Dienste tun. Selbst beim Umleimen von Kanten sind Spannwerkzeuge verwendbar, hat man sie mit einem entsprechenden Zusatzstück versehen (19a).

Eine viel gebrauchte Säge ist der *Fuchsschwanz* (20) Das Sägeblatt ist am Ende etwas schmaler, die Sägezahnung etwa mittelgrob. Mit dem Fuchsschwanz sägt man Kanthölzer, Bretter und Platten. Für Rundungen und zum Aussägen von Lochausschnitten benötigt man eine *Stich-* beziehungsweise *Lochsäge.*

Im allgemeinen kommt der Heimwerker mit diesen Sägewerkzeugen aus. Eine größere Spannsäge ist nur selten erforderlich, da man größere Plattenzuschnitte heute in jedem Heimwerkerbedarfsgeschäft fix und fertig nach Wunsch erhalten kann. Hat man sich bei der Maßangabe einmal geirrt oder stellt sich bei der Montage heraus, daß ein Brett, eine Leiste oder Platte 1 bis 5 mm Übermaß haben, so scheidet naturgemäß eine Korrektur mit der Säge aus.

Hobeln

In diesen Fällen findet der *Hobel* (21) Anwendung. Es gibt eine ganze Anzahl verschiedener Hobel zum Schruppen, Schlichten und Glätten. Für die Heimwerkstatt genügt ein Schrupphobel für grobe Spanabnahme. Seine Schneide ist bogenförmig angeschliffen. Der Radius der Rundung entspricht etwa der Eisenbreite von 30 oder 33 mm. Mit dem Schrupphobel kann man längs oder schräg zur Holzfaser arbeiten. Grundsätzlich darf nie gegen die ansteigende Holzfaser gehobelt werden, da sonst Absplitterungen unvermeidbar sind. Wer keine Werk- oder Hobelbank besitzt, kann ein zu bearbeitendes Werkstück in eine Vorrichtung spannen, die sich mit wenigen Handgriffen an jedem Arbeitsplatz befestigen läßt (21 a).

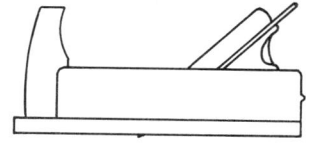

21   *Schlichthobel*

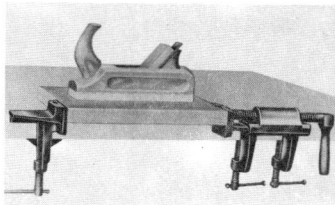

21a   *Spannvorrichtung*

Stemmen

Ein weiteres wichtiges Werkzeug für die Holzbearbeitung ist das *Stemmeisen* (22) oder der *Stechbeitel*. Ebenso wie beim Eisen des Hobels wird die flache Seite Spiegel und die abgeschrägte Seite Fase genannt. Die Handhabung ist relativ einfach, wenn man den Grundsatz beherzigt: Langsam und nie mit Gewalt arbeiten. Eigentlich sollte man nur immer gerade soviel Holz wegstemmen, daß man das Eisen mit dem Handballen vorwärts treiben kann und keinen Schlägel braucht.

Für das Herausarbeiten von Schlitzen, Nuten und so weiter gilt immer: Material stets über die Fase wegstemmen. Besonders tiefe Löcher, zum Beispiel für Einsteckschlösser bei Türen, werden so vorgearbeitet, daß zunächst die Hauptmenge des auszustechenden Materials durch Nebeneinanderlegen von Bohrungen entsprechender Tiefe herausgebohrt wird. Erst dann setzt man das Stemmeisen an, sticht die Stege zwischen den Bohrungen weg und arbeitet dann die Wandungen Schicht für Schicht maßgerecht heraus.

Hohlbeitel zum Ausstemmen runder Löcher für zum Bei-

22   *Stemmeisen (Stechbeitel)*

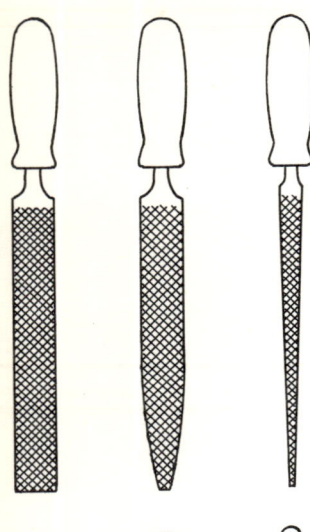

spiel Beschlagteile und Lochbeitel sind eigentlich nicht so wichtig, daß sie der Heimwerker unbedingt brauchte.

Feilen

Raspeln und *Feilen* (23) sind dagegen unentbehrlich. Raspeln für die Grobarbeit in flacher, halbrunder und runder Ausführung, ebenso einen Satz Holzfeilen für die Feinbearbeitung. Vorsicht beim Einsatz der Raspel an Spanplatten! Hier kann an den Kanten leicht Material ausbrechen und selbst bei ganz behutsamer Arbeitsweise entstehen ziemlich tiefe Riefen, deren Glättung oft mehr Materialabnahme erfordert als vorgesehen war.

23 *Raspeln und Feilen*

Schleifen

Für den letzten Schliff, das »finish«, ist immer noch der *Schleifklotz* (24) das beste Werkzeug. Sandpapier gibt es in verschiedenen Körnungen, ebenso auch in sehr unterschiedlicher Qualität. Am besten sind Schleifklötze aus Kork geeignet. Die unteren Kanten sind scharf, die oberen Kanten abgerundet. Der Schleifklotz wird mit dem Sandpapier so umwickelt, daß sich die Enden an einer der schmalen Längsseiten überlappen. Ein kurzer Nagel, den man mit dem Daumen in den relativ weichen Kork drücken kann, genügt zur Befestigung. Absolut unentbehrlich ist der Schleifklotz zum Glätten der Kanten von Spanplatten, um diese beispielsweise für einen Anstrich oder das Bekleben mit einem Umleimer vorzubereiten.

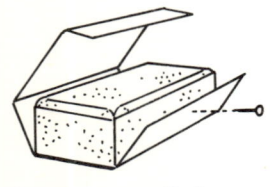

24 *Schleifklotz aus Kork*

Allerlei Kleinmaschinen für die Holzbearbeitung

Die Industrie bietet heute dem Heimwerker eine große Anzahl technisch perfekter Kleinmaschinen, die auch die Arbeit im Hobbyraum erheblich erleichtern und rationeller gestalten.

Bohren

Die erste Maschine, die in der Regel angeschafft wird, ist eine *Bohrmaschine.* Inzwischen gibt es so viele verschiedene Modelle, daß die Wahl schwerfällt. Keinesfalls gut beraten ist der Heimwerker, der ausschließlich nach dem Preis einkauft. Hier einige Gesichtspunkte, die beachtet werden sollten:

Für alle Holzbearbeitungsvorgänge ist eine hohe Drehzahl erforderlich, also etwa 3000 Umläufe pro Minute im Leerlauf. Für Fräsarbeiten empfiehlt sich sogar eine Drehzahl von 20 000 U/min.

Da andererseits die Bohrmaschine fast immer auch für Bohrungen in Metall gebraucht wird und dafür eine möglichst niedrige Drehzahl von maximal 1000 U/min erforderlich ist, sollte die ideale Heimwerker-Bohrmaschine ein Untersetzungsgetriebe haben, das die Umschaltung von 3000 auf 1000 U/min ermöglicht. Durch die Untersetzung ergibt sich bei der niedrigeren Drehzahl zwangsläufig eine entsprechend größere Drehkraft. Im Gegensatz hierzu haben Bohrmaschinen, deren Drehzahl auf elektronischem Wege durch Herabsetzen der Spannung heruntergeregelt wird, bei niederer Drehzahl nur geringe Kraft.

Ein weiterer wichtiger Grund für die Kaufentscheidung sind die gebotenen Ausbaumöglichkeiten. Und eines kann als sicher angenommen werden: Wer erst einmal mit der Bohrmaschine gearbeitet hat, kauft sich nach

25/26   Schlangenbohrer und
Fräsbohrer

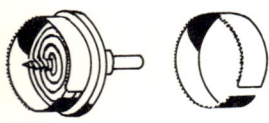

27   Lochsäge

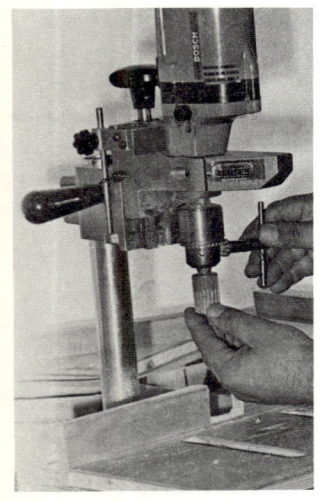

27a   Bohrständer mit Raspel-
fräse

und nach auch die Ergänzungswerkzeuge und -einrichtungen dazu.

Für Bohrungen in Holz bis zu 8 mm kann man die gleichen Bohrer wie für Metall verwenden. Von den zahlreichen Bohrern, die der gelernte Tischler alter Schule verwendet, sei hier nur der *Schlangenbohrer* (25) erwähnt, der sehr saubere, tiefe Bohrungen mit genau zylindrischer Wandung auch in Quer- und Hirnholz ermöglicht. Zwei weitere nützliche, von der üblichen Form abweichende Bohrer sind *Fräsbohrer* (26) und *Lochsägen* (27).

Zapfenlöcher zum Beispiel, die man sonst mühsam durch Aneinanderlegen von Bohrungen und anschließendes Herausarbeiten der dazwischen stehen gebliebenen Stege herstellen müßte, schafft der Fräsbohrer in einem Arbeitsgang. Er hat an den Schneidkanten eine zahnartige Teilung. Man braucht also nur ein Loch zu bohren und kann dann gleich seitlich wegfahren.

Lochsägen bestehen aus zylindrisch geformten Sägeblättern, die in die Rillen eines Metallkörpers mit Zentrierbohrer und Schaft für das Bohrfutter eingeklemmt werden. Die Sägeblätter gibt es für Bohrungen von 25 bis 62 mm und maximal 20 mm Tiefe.

Bohrmanschetten als Anschlag für weniger tiefe Bohrungen kann man sich aus einem Blechstreifen selbst anfertigen, der ebenso wie die Sägeblätter in eine der Rillen des Metallkörpers eingeklemmt wird.

Für bestimmte Holzverbindungen, vor allem für Konstruktionsteile sind Bohrungen erforderlich, die genau im Winkel zum Werkstück liegen müssen. In diesem Falle kommt man nicht ohne *Bohrständer* (27 a) aus, der mit einer zur Bohrmaschine passenden Festklemmvorrichtung in Fachgeschäften erhältlich ist. Ein Bohrständer tut übrigens auch gute Dienste bei allen Fräsarbeiten.

Fräsen

Fräser (28) gibt es in den verschiedensten Formen. Sie sind meist grob gezahnt und für die relativ niedrige

Drehzahl der Bohrmaschine aus einfachem Werkzeug-
stahl. Fräser für hochtourige Maschinen sind fein gezahnt und aus Hochleistungsschnellstahl. Sie kosten
zwar doppelt so viel, erlauben dafür aber auch Quali-
tätsfräsungen und halten länger.

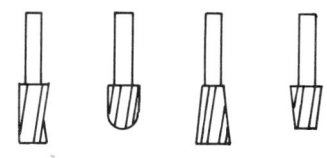

28   Gebräuchliche Fräser

Sägen

Der passionierte Amateur-Tischler kann sich je nach
Gerätesystem eine vollwertige maschinelle Ausrüstung
seiner Werkstatt zulegen. Die angebotenen Systeme
basieren auf einem Grundgerät, das in sinnreichen Auf-
bauvarianten praktisch alle Holzbearbeitungsverfahren
ermöglicht. Dabei ist zum Beispiel die ursprüngliche
Handbohrmaschine mit wenigen Griffen in eine *Tischkreissäge* zu verwandeln, deren Tisch für verschiedene
Schnittiefen von 1 bis etwa 40 mm sowie auch für Schräg-
schnitte bis 45° verstellt werden kann. Der Anschlag ist
so eingerichtet, daß man daran leicht eine selbstgefer-
tigte Verlängerung befestigen und so die Tischkreissäge
auch für Parallelschnitte an längeren Werkstücken verwenden kann.

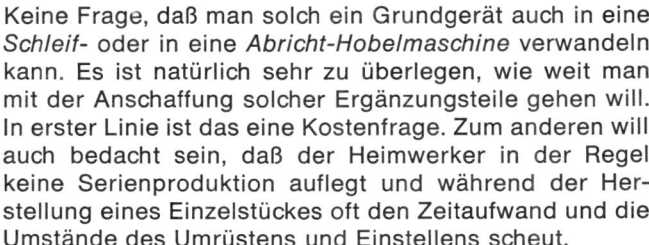

29   Stichsäge

Keine Frage, daß man solch ein Grundgerät auch in eine
Schleif- oder in eine *Abricht-Hobelmaschine* verwandeln
kann. Es ist natürlich sehr zu überlegen, wie weit man
mit der Anschaffung solcher Ergänzungsteile gehen will.
In erster Linie ist das eine Kostenfrage. Zum anderen will
auch bedacht sein, daß der Heimwerker in der Regel
keine Serienproduktion auflegt und während der Herstellung eines Einzelstückes oft den Zeitaufwand und die
Umstände des Umrüstens und Einstellens scheut.

Anders verhält es sich allerdings mit den praktischen
Vorsätzen zur Handbohrmaschine, die nun wirklich mit
geringster Mühe anzubringen sind. Hier sei nur der
Stichsägevorsatz erwähnt, der das Herausarbeiten von
Ausschnitten und Rundungen bei Holzplatten erheblich
erleichtert (29).

23

Drechseln

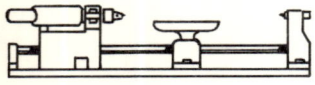

30 Drechselbank

Eine Umbaumöglichkeit darf allerdings hier nicht vergessen werden, nämlich die Umrüstung des Grundgeräts zur Drechselbank (30). Dazu wird auf die Grundplatte lediglich ein Sockel mit Auflagehalter und Werkzeugauflage sowie ein entsprechend der Werkstücklänge verschiebbarer Lagerbock montiert, in dessen Bohrung eine Zentrierspitze oder eine mitlaufende Körnerspitze eingesetzt ist. In das Bohrfutter der festgeklemmten Handbohrmaschine wird nur noch eine Mitnehmerspitze eingesetzt und schon kann man mit einer der reizvollsten Beschäftigungen auf dem Gebiet der Holzbearbeitung beginnen.

Die Drechslerwerkzeuge (31) nennt man *Röhren* und *Meißel*. Die große breite Röhre wird zum Schruppen, die schmale Formröhre zum Schlichten und Ausdrehen verwendet. *Drehmeißel* haben meist eine schräg verlaufende Schneide, wobei die Seite mit dem stumpfen Winkel zum Abdrehen gerader und gewölbter Formen, die mit dem spitzen Winkel zum Ein- und Abstechen dient. *Flachmeißel* mit gerader Schneide werden zum Ebendrechseln und Schlichten gebraucht. Außerdem gibt es noch einen schmalen *Abstechstahl*.

Wie man diese Drechselwerkzeuge auf der Werkzeugauflage ansetzt, hängt von der Härte des eingespannten Werkstoffs ab. Grundregel: Bei weichem Material Werkzeug schräg, bei hartem flach ansetzen. Bei ganz hartem Material steht also das Werkzeug fast rechtwinklig zum Drehling, so daß eigentlich nicht mehr abgespant, sondern eher abgeschabt wird (32).

Zum Drechseln können alle Laubhölzer, und von den Nadelbäumen vor allem Kiefern-, Lärchen- und Eibenholz Verwendung finden, vorausgesetzt, daß das Holz gut abgelagert und astfrei ist.

Von Längsdrechseln spricht man, sind zum Beispiel Rundhölzer abzudrehen, deren Holzfaser in Längsrichtung der Drehachse und damit quer zum angesetzten Werkzeug verlaufen. Natürlich können auch Bohlen- oder Vierkantstücke, Klötze aus dem Stammholz oder Baum-

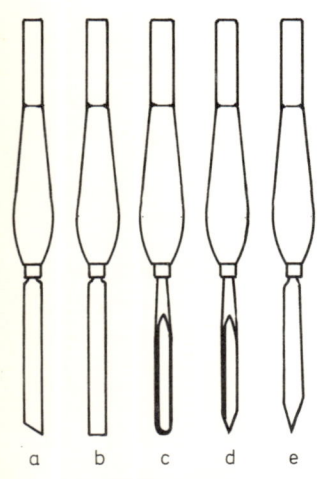

a b c d e

31 Drechslerwerkzeuge:
a Drehmeißel mit schräger Schneide,
b mit gerader Schneide, c Drechslerröhre, d Formröhre, e Abstechstahl

beziehungsweise Astabschnitte verwendet werden. Nur müssen solche Werkstücke vorher ein wenig mit entsprechendem Werkzeug in einigermaßen runde Form gebracht werden. Durch Anzeichnen mehrerer Diagonalen an den Hirnholzenden ist der Schwerpunkt zu bestimmen, damit der Drehling nicht zu unwuchtig läuft.

Für kurze Drehteile, beispielsweise Schachfiguren, die man nicht zwischen den Spitzen einspannen kann, gibt es sogenannte Spundfutter zum Einschlagen des Werkstücks oder Drechselfutter, in die das Werkstück eingeschraubt wird. Die Stahlauflage darf nicht zu weit vom Drehling entfernt sein, damit der Stahl möglichst sicher geführt werden und nicht bei Unachtsamkeit zwischen Auflage und rotierendes Werkstück geraten kann. Bei langsamem Versetzen der Röhre, in gleichmäßigem Abstand von der Drehachse des Werkstücks, entsteht als Ausgang für weitere Verformungen ein glatter Holzzylinder, der mit dem Drehmeißel noch geschlichtet werden kann.

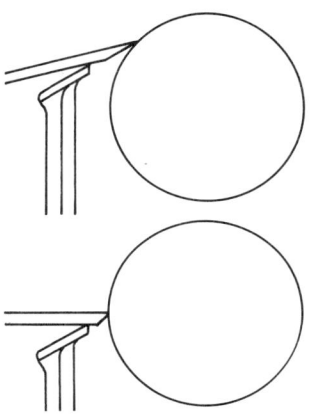

32   Je härter das Holz, desto flacher das Werkzeug ansetzen.

Ist das Werkstück fertig gedrechselt, sticht man an den Enden mit dem Abstechstahl ab. Natürlich muß dabei auf der Antriebsseite soviel Abstand eingehalten werden, daß man nicht auf die Mitnehmerspitzen stößt. Der letzte stehenbleibende Rest wird mit der Feinsäge durchtrennt. Mehr als lange Erläuterungen sagt die Abbildung 33 über die richtige Verwendung der Werkzeuge bei vertieften und erhöhten Konturen des Werkstücks.

Im Gegensatz zum Längsdrechseln verlaufen die Holzfasern beim Querdrechseln quer zur Längsachse der Drechselbank. Das Werkstück besteht hierbei also aus einem Holzstück, das zum Beispiel aus einer Bohle mit der Stichsäge einigermaßen rund herausgeschnitten wurde.

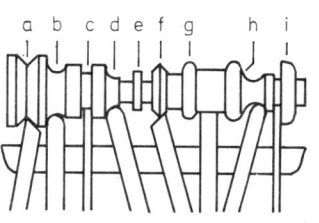

33   Vertiefte Grundformen:
a Kerbe, b Hohlkehle, c Platte, d Viertelkehle.
Erhöhte Grundformen:
e Stab, f Spitzstab, g Rundstab, h Karnies, i Viertelrundstab.

Die Befestigung auf der Planscheibe der Drechselbank ist auf verschiedene Weise möglich. Entweder mit Holzschrauben, die von hinten durch die Schlitze der Planscheibe in das Holzstück gedreht werden oder durch Aufschrauben des Werkstücks auf die Mitnehmerschraube, wobei zweckmäßigerweise vorher eine kleine Zentrierbohrung auf der Anlageseite des Werkstücks angebracht werden sollte. Aus Gründen der Vorsicht sollte man zwischen Werkstück und Planscheibe ein rundes Stück Sperrholz oder Pappe einlegen, damit man bei der späteren Bearbeitung mit dem Werkzeug nicht zu nahe an die Planscheibe herankommt.

Ist auch an eine Bearbeitung des Werkstückes auf der anderen Seite gedacht wie das etwa bei Dosen, Tellern und ähnlichem der Fall ist, so versieht man den Boden mit einem Einpaß von 5—8 mm Tiefe, in den man einen Spund eintreiben kann.

Die Stahlauflage steht beim Querdrechseln naturgemäß im rechten Winkel zur Längsachse der Drechselbank, was andererseits nicht heißen muß, daß man sie nicht auch im Winkel von beispielsweise 45° anstellen dürfte. Es ist im Gegenteil zur Einhaltung eines möglichst geringen Abstandes der Auflage vom Werkstück ein fleißiges Nachstellen durchaus zu empfehlen. Selbstverständlich liegt der Stahl beim Querdrechseln immer auf der ablaufenden Seite des Werkstücks.

Beim Ausdrehen einer Höhlung ist mit der Formröhre immer von innen nach außen zu arbeiten. Bei dickeren Werkstücken ist es sinnvoll, zuerst eine etwa 20 mm messende Bohrung in der Mitte anzubringen, von der man dann mit der Formröhre erheblich leichter nach außen hin wegdrehen kann.

Wie alle Arbeitstechniken so will gerade das Drechseln geübt sein. Aber es läßt sich relativ schnell eine Fertigkeit erreichen, die den nachträglichen Einsatz von Schleifpapier überflüssig macht. Rauhigkeiten, die sich beim Querdrechseln zwangsläufig an den Stellen ergeben können, wo der Stahl gegen die Faser arbeiten mußte, können nur im Stillstand durch Abschleifen oder Abziehen mit einer Klinge beseitigt werden. Mit einer Hand voll Drehspänen, die gegen das umlaufende fertige Werkstück gedrückt werden, ist eine glatte, glänzende Oberfläche zu erzielen. Farben und Polituren trägt man dünn mit einem Leinenlappen auf, den man von unten gegen das rotierende Werkstück drückt.

Holzverbindungen

Seit das Holz als Werkstoff zum Bau irgendwelcher Dinge von Menschen erkannt und verwendet wurde, besteht das Problem der haltbaren Verbindung von Holz mit Holz oder anderen Materialien. Abgesehen von den Formverbindungen nehmen sich im Hinblick auf die lange Geschichte der Holzbearbeitung die wenigen Möglichkeiten der Flächenverbindungen recht bescheiden aus. Sie beschränken sich praktisch auf die vier Grundarten Nageln, Schrauben, Leimen und Dübeln. Die scheinbare Einfachheit der angeführten Verfahren sollte aber nicht dazu verführen, die zahlreichen Kniffe, die sich im Laufe der Zeit bewährt haben, in den Wind zu schlagen.

Nageln

Schon beim *Nageln* erhebt sich die simple Frage: Welcher Nagel zu welchem Zweck? Denn es gibt ein gutes Dutzend verschiedener Nägel, die der Heimwerker üblicherweise braucht (siehe Abbildung 34). Nägel mit scharfer Spitze drücken die Holzfasern beim Eintreiben auseinander. Dadurch ergibt sich eine Klemmwirkung, die in ihrer Kraft naturgemäß von der Länge des Nagels wie von der Art des Holzes abhängig ist. Der bei spitzen Nägeln auftretende Keileffekt führt namentlich an Brettenden leicht zum Spalten des Holzes. Das kann man durch leichtes Stauchen der Nagelspitzen mit dem Hammer bedingt vermeiden.

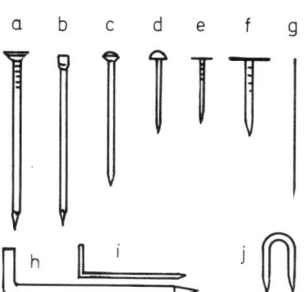

34   Nagelarten: a üblicher Drahtstift, b Drahtstift mit Stauchkopf zum Versenken, c Stahlnagel, d Glaserstift, e Blaukopf, f Dachpappen-Nagel, g Stahlnadel, h Haken, i Rohrhaken, j Krampe

Gestauchte Nägel zerreißen beim Nageln einzelne Holzfasern, die dann natürlich für die Klemmung des Nagels ausfallen, wodurch die Verbindung etwas weniger haltbar wird. Besser, wenn auch etwas umständlicher, ist allemal das Vorbohren mit einem etwas dünneren Bohrer bis auf $2/3$ der vorgesehenen Nageltiefe. Dieses Verfahren empfiehlt sich grundsätzlich beim Nageln von Hartholz.

Auf der Hirnseite von Brettern halten Nägel verständ-

27

licherweise nicht so gut. Dagegen kann durch Schräg-
einschlagen der Nägel eine fast unlösbare Verbindung
geschaffen werden. Bei längeren Nagelreihen ist das
Einhalten gleichmäßiger Abstände der Nägel unterein-
ander sowie ein zickzackförmiger Versatz von Vorteil.
Das gilt auch für das Zusammenfügen von Spanplatten,
die beim Nageln ebenfalls gern zum Spalten neigen.
Hierbei ist allerdings nicht annähernd eine so haltbare
Verbindung wie bei Brettern aus Naturholz zu erwarten.
Wenn Nägel später wieder herausgezogen werden sollen, was bei Kistendeckeln oder Schrankrückwänden
vorkommen kann, sollten sie mit einer kleinen runden
Pappmanschette unter dem Nagelkopf versehen werden.
Das Herausziehen mit der Zange ist dann eine harm-
lose Sache.

Wo Nägel unsichtbar gemacht werden sollen, versenkt
man die Köpfe, indem man einen anderen Nagelkopf
auflegt und kurz nachschlägt. Das entstandene Senkloch
wird mit Flüssigholz ausgefüllt, das in verschiedenen
Holzarten im Handel erhältlich ist.

Schrauben

Bei den Schrauben gibt es drei Grundformen: Die *Senk-
kopfschraube,* die *Rundkopfschraube* und die *Linsenkopfschraube.* Außerdem gibt es zwar noch andere Holzschrauben wie zum Beispiel *Ring- und Hakenschrauben,*
doch dienen diese nicht zur Holzverbindung.

Holzschrauben statt Nägel nimmt man immer dann,
wenn es um größere Festigkeit einer Verbindung geht
oder diese zu gegebener Zeit wieder gelöst werden
muß. Außer beim Bootsbau wählt man für reine Holzverbindungen in der Regel *Holzschrauben aus Eisen;*
Messing- und *Aluminiumschrauben* nur dann, wenn ent-
sprechendes Material mit Holz verbunden werden soll.
Form und Abmessungen der Schrauben sind genormt (35).

Die sich aus den verschiedenen Schraubengrößen erge-
benden unterschiedlichen Schlitzbreiten und -längen erfordern einen ganzen Satz Schraubenzieher mit entsprechenden Klingen. Es ist in der Tat wichtig, daß die

Schraubenzieherklinge haargenau in den Schrauben-schlitz paßt. Zu breite Klingen führen bei Senkkopf-schrauben zur Beschädigung des Umfeldes der Schraube, zu dünne und schmale Klingen zum Wegdrücken oder gar Wegbrechen der Schlitzwangen.

Nach einigem Umgang mit Schrauben merkt man sehr schnell, wann beim Eindrehen der Schrauben die maxi-male Belastungsgrenze erreicht ist. Einölen der Schrau-ben ist weniger zu empfehlen. Das gibt meist unschöne und irreparable Flecken im Holz. Dagegen kann das Durchziehen der Schrauben durch ein trockenes Stück Seife die Schraubarbeit erheblich erleichtern.

Bei kleinen Schrauben, die zwischen Daumen und Zeige-finger fast verschwinden, sticht man ein kleines Loch mit dem Vorstecher (auch ein nützliches Tischler-Werk-zeug) in das Holz und benutzt einen vorn eingeschlitz-ten Kartonstreifen zum Halten des Schräubchens. Bei Verwendung größerer Schrauben ist das Vorbohren un-umgänglich. Bei Schrauben bis 3 mm Schaftdurchmes-ser wird man einen maximal 2 mm dicken Bohrer ver-wenden, und bis auf zwei Drittel der Schraubenlänge einbohren.

Dickere Schrauben erfordern eine doppelte Vorbohrung. Und zwar bohrt man zuerst mit einem dem mittleren Gewindekerndurchmesser entsprechenden Bohrer vor und erweitert diese Vorbohrung anschließend mit einem zweiten Bohrer auf Weite und Länge des Schrauben-schaftes. In Hartholz soll die Vorbohrung für den Schrau-benschaft um 2 bis 5/10 mm weiter sein. Auch Schrau-ben halten im Hirnholz nicht so gut, so daß man zweck-mäßig von vornherein längere Schrauben wählt.

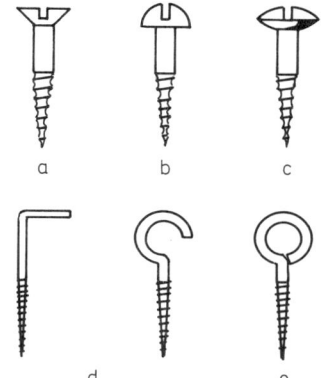

35 Schraubenarten: a Senk-kopfschraube, b Rundkopfschraube, c Linsenkopfschraube, d Haken-schraube, e Ringschraube

Leimen

Es gibt gewiß noch eine ganze Anzahl Möbeltischler der alten Schule, die von ihrem gewohnten Tafelleim nicht lassen und Stein und Bein auf ihn schwören. Es handelt sich dabei um einen sogenannten *Glutinleim,* der aus Knochen und tierischen Abfällen gewonnen wird. Frei-lich, dieser Leim hält hervorragend, eher bricht bei Be-

36 Auftragen von Leim mit Zahnspartel oder Flachpinsel

lastung das Holz als die Leimfuge. Aber er hat leider die unangenehme Eigenschaft, nicht feuchtigkeitsbeständig zu sein. Außerdem ist die Zeremonie des Einweichens und Aufkochens im Wasserbad recht umständlich. An seine Stelle sind mehr und mehr die verschiedenen Kaltleime getreten.

Kasein- oder Dispersionsleime sind hitze- und wasserfest. Sie werden in Blech- oder Plastikgefäßen sowie auch in Plastiktuben gebrauchsfertig geliefert. Ihre Klebkraft übertrifft die Festigkeit des Holzes um ein Vielfaches. Man trägt sie auf größere Flächen mit einem Zahnspachtel auf (36). Für Brettkanten und ähnliches empfiehlt sich ein Borstenpinsel. Bei kleinen Leimstellen kann man den Kaltleim direkt aus der Tube auftragen. Es genügt in der Regel, den Leim auf nur eine der zu verbindenden Flächen aufzutragen. Besser ist es jedoch, beide Flächen einzustreichen und dafür etwas dünner. Dies gilt vor allem bei Hirnholz- und schräg gegen die Faserung geschnittenen Flächen wie sie zum Beispiel bei Gehrungsschnitten entstehen. Die Abbindezeit von Kaltleimen ist sehr unterschiedlich. Sie liegt je nach Fabrikat zwischen einer halben und mehreren Stunden.

In Sekundenschnelle dagegen kleben die *Kunstharzleime*. Was nach etwa 10 bis 15 Minuten Wartezeit zusammengedrückt wird, geht nicht mehr auseinander. Hier hält sich der Vorteil einer stabilen, dauerhaften Schnellverbindung mit dem Nachteil, keinerlei Korrektur nach dem Zusammenfügen mehr vornehmen zu können, die Waage. Wäre noch zu erwähnen, daß Kunstharzleime außerordentlich feuerempfindlich sind. Alte Tischler raten übrigens davon ab, Kunstharzleim an den Schnittkanten von Spanplatten zu verwenden, das Holz fresse den Leim mit der Zeit auf. Beweise dafür liegen allerdings nicht vor.

Dübeln

Eine der ältesten und heute noch bei der Massenfertigung von Möbeln, Holzfenstern und vielem anderen an-

30

gewandte Art der Holzverbindung ist das *Dübeln.* Namentlich beim Zusammenfügen von Spanplatten, die wie zum Beispiel bei Küchen- und anderen Anbauteilen, nicht mehr voneinander getrennt werden müssen, spielt der Dübel eine bedeutsame Rolle. Weder Schrauben noch Beschläge können ihm ernsthaft Konkurrenz machen, weil er eine doppelte Funktion hat. Einmal als stabilisierendes Verbindungselement, zum zweiten als Paßstift für den richtigen Sitz der zu leimenden Teile (37). Dübel kann man sich selbst in passender Länge von Dübelstangen aus Hartholz mit der Feinsäge abschneiden. Es gibt auch fertige, in Längsrichtung gerillte Dübel, die wegen der vergrößerten Leimfläche eine noch haltbarere Holzverbindung ergeben. Der Durchmesser des Dübels richtet sich nach der Dicke des zu verbindenden Materials. Er soll etwa die Hälfte betragen.

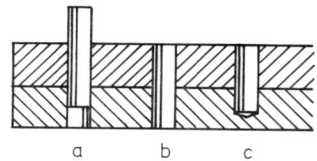

37   Dübeln: a Dübeldurchmesser = ½ Brettdicke, b durchgehender Dübel, c abgesetzter Dübel

Beim Dübeln von beispielsweise zwei Brettern wird selbstverständlich die Dübelbohrung für beide Teile gemeinsam vorgenommen. Dazu klemmt man sie vorher mit Schraubzwingen in der vorgesehenen Lage zusammen. Für den Fall, daß die Dübelung nicht sichtbar sein soll soll (was zum Beispiel bei senkrecht aufeinander stoßenden Schichtstoffplatten vorkommt), müssen die Bohrungen an beiden Werkstücken getrennt vorgenommen werden. Das erfordert ein haargenaues Anzeichnen mit Streichmaß und Winkel. Dabei geht es um Zehntelmillimeter.

Wer sich das nicht zutraut, kann sich auf zweierlei Art behelfen. Entweder durch Einschlagen kleiner Drahtstifte, deren Köpfe bis auf 2 mm abgezwickt werden und beim Zusammenpassen der Teile auf dem Gegenstück die Mitte der zweiten Bohrung markieren (sie werden vor dem Bohren des Dübellochs natürlich wieder herausgezogen) oder durch Anfertigen einer Bohrlochschablone aus Hartholz, die, versehen mit den Dübelbohrungen, paßgenau aufgestiftet wird und so dem Dübelbohrer maßgerecht Führung gibt.

Daß die Dübelbohrungen beide genau senkrecht verlaufen müssen, versteht sich. Bevor man den dünn mit Leim eingestrichenen Dübel vorsichtig in seine Bohrung treibt, müssen sowohl seine Kanten wie auch die Kanten der Bohrungen leicht gebrochen werden. Die Gesamtlänge des Dübels muß stets einige Milimeter kürzer sein als die Tiefe beider Bohrlöcher zusammengenommen.

Eine Dampflok für die Kleinen. (Seite 47)

Eine Schrankwand für die Großen. (Seite 90)

Ein Anbauschrank für das Schlafzimmer...

... mit viel Innenraum. (Seite 55)

Ein Super-Ausruhsessel ...

... zum Entspannen. (Seite 98)

Ein Schreibtisch für den Hausherrn: Frontseite mit geöffnetem Seitenteil. (Seite 75)

Detail des fertig eingerichteten großen Seitenteils mit eingebauter Schreibmaschine.

Ein Arbeitsplatz für die Hausfrau ...

... zum Bügeln, Nähen und Schneidern. (Seite 69)

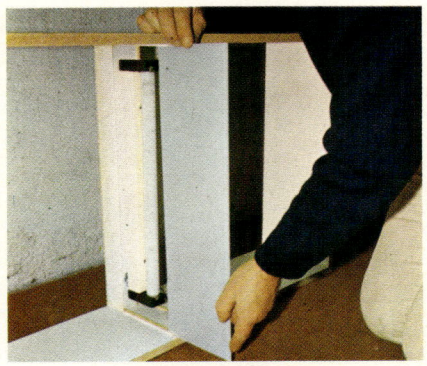

Ein Badezimmer-Einbauschrank; praktisch und schön. (Seite 62)

Einschieben der Mattglasscheibe, bevor die Rückenwand montiert ist.

Konstruktive Möglichkeiten

Das edle Tischlerhandwerk hat im Laufe der Zeit eine große Anzahl verschiedener konstruktiver Möglichkeiten namentlich zur Eckverbindung von Brettern hervorgebracht. Bis auf einige wenige haben sie aufgrund moderner Techniken eigentlich kaum mehr praktische Bedeutung, es sei denn, daß man sich auf den Nachbau heute bereits historisch anmutender Tischlerobjekte spezialisieren will. Trotzdem seien sie hier kurz aufgeführt, weil sie im einen oder anderen Falle selbst beim vom Heimwerker bevorzugtesten Werkstoff, den Span- und Schichtstoffplatten, Anwendung finden können.

Stumpfer Stoß mit Nägeln

Die einfachste Verbindung, wenn auch nicht die dauerhafteste, ist der genagelte *stumpfe Stoß* (38). Man schlägt zuerst zwei Nägel senkrecht ein, damit die Passung stimmt, und nagelt dann schräg. Zusätzlich verleimt, ist das eine durchaus brauchbare Eckverbindung. Die Nagelköpfe werden durch Versenken und Verkitten unsichtbar gemacht.

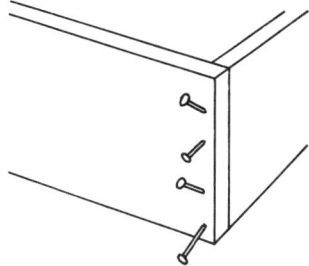

38   *Genagelter stumpfer Stoß*

Verschrauben

Etwas langwieriger, dafür sicherer, ist das *Verschrauben.* Beim Bau von Möbeln kommen diese beiden Verfahren nur bei Verwendung von Brettern und rohen Platten in Frage, die anschließend entweder gestrichen oder mit Selbstklebefolie beschichtet werden. Da gerade beim Möbelbau vielfach Schichtstoffplatten Anwendung finden, deren Oberflächen nicht durch Nagel- oder Schraubenlöcher verunziert werden dürfen, kommt für den stumpfen Stoß nur die Dübelung, unter Umständen

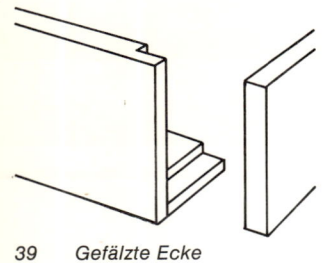

39   *Gefälzte Ecke*

auch die Verwendung von Beschlägen in Betracht. Letztere sind vor allem dann erforderlich, wenn die Möglichkeit des Wiederauseinandernehmens gewünscht beziehungsweise wie bei großen Schränken gelegentlich erforderlich ist.

Fälzen

Eine besonders elegante Lösung, die das Einlassen von Rückwänden, Deck- und Bodenplatten erlaubt, ist das sogenannte *Fälzen* (39). Eckverbindungen dieser Art können ebenfalls geleimt und gedübelt werden. Auch Gehrungen sind möglich und werden vor allem dann ausgeführt, wenn an den Kanten kein Hirnholz beziehungsweise keine Plattenstirnflächen sichtbar sein sollen.

Nut und Feder

Nut und Federverbindungen lassen sich leicht mit einem zylindrischen Fräser herstellen. Dieser Verbindungsart ist sowohl bei stumpf zu stoßenden Brettern als auch für Eckverbindungen anzuwenden, hier ist meist eine angeschnittene Feder üblich.

Wenn Zwischenwände oder -böden einem Schrankkörper zu größerer Festigkeit verhelfen sollen, wird gern eine sogenannte *Gratverbindung* (40) gewählt. Ihre Herstellung ist mittels eines konischen Fräsers ebenso leicht, wie das Fräsen von Nut und Feder. Es spricht für die Geschicklichkeit routinierter Tischler, wenn sie solch eine Gratverbindung ohne maschinelle Hilfe sauber und exakt fertigbringen. Heimwerker, die nicht geradezu besessen oder von sportlichem Ehrgeiz beseelt sind, werden kaum die für eine solche Arbeit erforderliche Geduld und Sorgfalt aufbringen.

Der Vollständigkeit halber sei hier noch die *Schwalbenschwanzverbindung* (41) erwähnt, für die ebenfalls das oben Gesagte zutrifft. Diese Verbindung gilt bei der Ver-

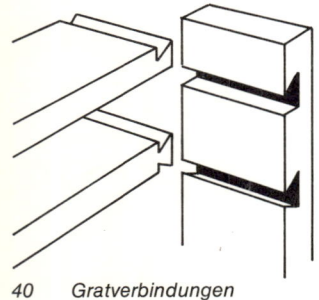

40   *Gratverbindungen*

arbeitung von Naturholz als die einwandfrei beste und haltbarste, sorgfältige perfekte Arbeit vorausgesetzt. Bretter, die auf diese Weise zusammengefügt werden, können sich nicht werfen und haben vor allem Spiel zum Arbeiten.

Angesichts der zahlreichen modernen Verfahren für Eck-verbindungen hat die zeitraubende Schwalbenschwanz-verbindung kaum noch praktische Bedeutung. Es sei denn, daß sie bewußt an Beispielen echter, zunftgerech-ter Tischlerkunst zur Anwendung gelangt wie beispiels-weise bei Schmuckkästchen, Kastenrahmen, auch Tru-hen und ähnlichen Objekten.

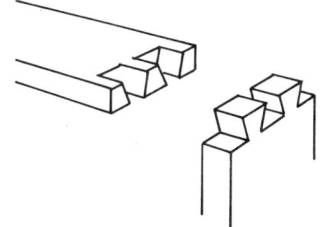

41   Schwalbenschwanzzinkung

Zunächst werden die Zinken auf dem einen Brett sauber angezeichnet, mit der Feinsäge eingesägt und die Zwi-schenräume mit dem Stechbeitel weggestoßen. Die Tiefe der Zinken richtet sich nach der Dicke des gegenüber-liegenden Bretts. Sie darf keinesfalls weniger betragen, eher eine Idee mehr. Der Überstand kann leicht wegge-schliffen werden. Das fertig gezinkte Brett wird dann als Anzeichenschablone für die Ausführung der Schwalben am anderen Brett benutzt.

Eine andere Art der Zinkung ist die sogenannte *Finger-zinkung* (42), bei der es nur gerade Zinken an beiden Brettern gibt. Hierfür kann leicht die Kreissäge unter Verwendung der Zinkeneinrichtung eingesetzt werden. Eine Wanknutvorrichtung (auf der Achse schräg befe-stigtes Kreissägeblatt) erleichtert die Arbeit zusätzlich. Die Nut muß immer eine Idee weiter sein als der Zin-ken, damit der Zusammenbau ohne Kraftaufwand mög-lich ist und vor allem auch etwas Platz für den Leim bleibt. Eine gute Zinkverbindung will allemal gelernt sein. Sind die Nuten nur um wenige Zehntelmillimeter zu weit geraten, kann von einer »Verbindung« nicht mehr die Rede sein, sondern nur noch von Ausschuß.

Für *Kreuz-, Eck-* und *Stoßverbindungen* von Leisten, Latten und Kanthölzern gibt es ebenfalls eine ganze Anzahl von Varianten, die für den Heimwerker wissens-wert sind. Bei einem stumpfen Stoß, der einfach ge-nagelt, geleimt oder genagelt und geleimt wird, kann von einer dauerhaften Verbindung kaum die Rede sein. Etwas günstiger ist schon die auf Gehrung gearbeitete

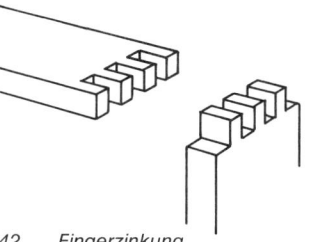

42   Fingerzinkung

37

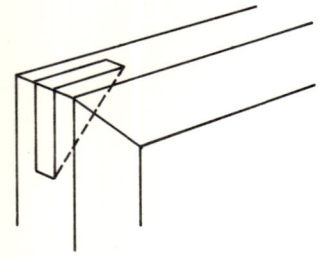

43 Gehrung mit Eckzapfen

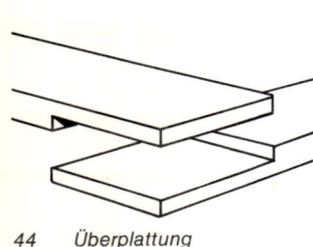

44 Überplattung

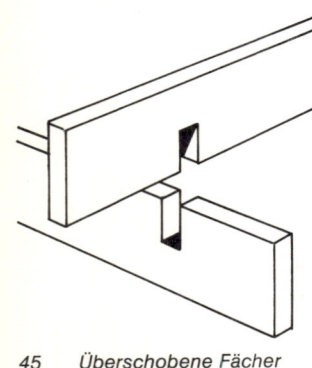

45 Überschobene Fächer

Verbindung, weil hierbei die Leimfläche etwas vergrößert ist. Aber selbst bei Bilderrahmen unterstützt man eine solche Verbindung durch ein dreieckiges hintergeleimtes Holzplättchen. Bei Konstruktionsverbindungen erfüllt meist schon die auf Gehrung gearbeitete Ecke mit eingeschobenem Eckzapfen die üblichen Ansprüche an Festigkeit und Haltbarkeit, die durch Dübelung noch erhöht werden können (43).

Überplatten

Eine andere, in der Praxis oft angewendete Verbindung ist die sogenannte *Überplattung* (44) mit ihren verschiedenen Ausführungsarten für Stoß-, Eck- und Kreuzverbindungen, die mit Holz- oder Sternnägeln noch haltbarer gemacht werden können. Voraussetzung sind sauberes Anzeichnen mit Streichmaß und Winkel sowie völlig ebenes Aufliegen der abgeplatteten Stellen. Bei handgearbeiteten Überplattungen werden die Einschnitte mit der Feinsäge ausgeführt und das überflüssige Material mit dem Stechbeitel weggestoßen und erforderlichenfalls nachgearbeitet. Das ist leichter gesagt als getan. Wippende oder innen hohl aufliegende Überplattungen sind unbrauchbar. Besser dran ist der Heimwerker, der Überplattungen maschinell ausführen kann.

Wenn sich zwei hochkant gestellte Bretter überkreuzen, ist das im Grunde auch eine Überplattung. In diesem Falle spricht man jedoch von überschobenen Fächern (45). Bei Belastung solch einer Verbindung, wie sie zum Beispiel bei abgehängten Decken vorkommt, muß beachtet werden, daß das von oben eingeschlitzte Brett die größere Tragfähigkeit hat. Voraussetzung ist allerdings, daß die Schlitzbreite ziemlich genau der Dicke des eingepaßten Brettes entspricht.

Schlitz und Zapfen

Eine erheblich festere und entsprechend dauerhafte Rahmenverbindung kann mit *Schlitz und Zapfen* (46)

38

erreicht werden. Zunächst wird der Schlitz mit Streichmaß und Winkel angezeichnet, wobei die Schlitzbreite $1/3$
der Brettdicke betragen soll. Mit der gleichen Streich-
maßeinstellung ist am Gegenstück der Zapfen anzuzeich-
nen. Das Sägen der Einschnitte mit der Feinsäge erfordert ebenso wie das Herausarbeiten des Materials im
Schlitz mittels eines schmalen Stechbeitels sehr große
Sorgfalt. Das Einschlitzen kann natürlich sehr viel exakter
mit Kreissäge oder Fräser erfolgen. Auf jeden Fall müssen beide Teile präzise ineinanderpassen. Eine zusätz-
liche Dübelung ergibt von allen Möglichkeiten die wohl
festeste Rahmenverbindung. Selbstverständlich können

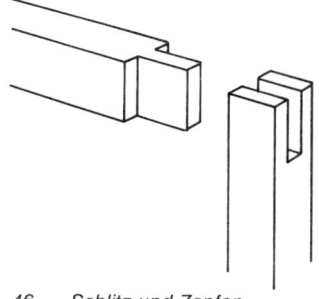

46   Schlitz und Zapfen

Schlitz und Zapfen sowohl einseitig als auch zweiseitig
auf Gehrung gearbeitet werden. Das gleiche System
findet auch für Eckverbindungen bei Tischen und Stühlen
sowie anderen stark beanspruchten Konstruktionen Anwendung. Meist kommen hierbei gleichzeitig auch durch-
gestemmte Zapfenlöcher vor. Der Zapfen wird zur Er-
höhung des Preßdrucks gern verkeilt (47).

Es gäbe an dieser Stelle gewiß noch etliche aus den erwähnten Konstruktionsgrundtechniken abgeleitete Varianten aufzuführen. Wann die eine oder andere Verbindungsart gewählt wird, hängt immer vom Bauobjekt selbst
ab. Grundsätzlich vermeidet man heute zeitaufwendige
Verbindungen, wenn sie durch modernere und gleich gute
Verfahren ersetzt werden können und vor allem nicht
sichtbar in Erscheinung treten. Der anwendungstechnische Teil dieses Buches bringt mancherlei Anregung
für den Einsatz der verschiedenen handwerklichen Möglichkeiten am gleichen Objekt.

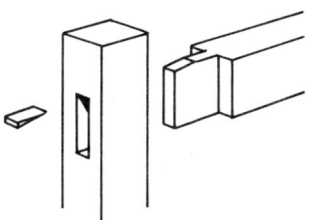

47   Durchgestemmter Schlitz
mit verkeiltem Zapfen

Beschläge gibt es vielerlei

Das Angebot an nützlichen Beschlägen ist so vielseitig, daß mit ihnen praktisch jedes Konstruktionsproblem gelöst werden kann. Da sind zunächst einmal die Flachbänder und Winkel zu nennen, die in verschiedenen Größen im Handel sind. Allein damit können schon allerlei Holzkonstruktionen erheblich vereinfacht und vor allem demontierbar gemacht werden. In diese Kategorie gehören auch die in der Industrie vielfach verwendeten Beschläge für Eckverbindungen, die mit einem Schraubenzieher schnell zu trennen sind und die völlige Zerlegung beispielsweise eines Kleiderschrankes ermöglichen.

Eine besondere große Anzahl verschiedenster Varianten gibt es bei den *Scharnieren* (48). Eines der gebräuchlichsten ist das sogenannte Klavierband, das man in mehreren Breiten und in jeder gewünschten Länge erhält. Bei vielen Möbelkonstruktionen unterstreichen sie die Linienführung, wogegen gerade oder gekröpfte Scharnierbänder recht auffällig in Erscheinung treten. Das muß keinesfalls ein Nachteil sein, sondern wird vielfach gern in Kauf genommen. Wenn Türen herausnehmbar sein sollen, was bei Umzügen oft vorteilhaft ist, verwendet man offene Scharnierbänder. Manchmal sollen bei bestimmten Konstruktionen mehr aus stilistischen als aus technischen Gründen Scharniere äußerlich überhaupt nicht sichtbar sein. Auch dafür gibt es verschiedene Ausführungen, die auf der Innenseite von Türen eingelassen werden. Die zylindrische Ausführung des Scharnierkörpers erfordert eine exakte lagerichtige Bohrung mit Forstnerbohrer oder Lochsäge. Dabei ist natürlich vorher zu ermitteln, ob die Plattendicke ausreichend ist.

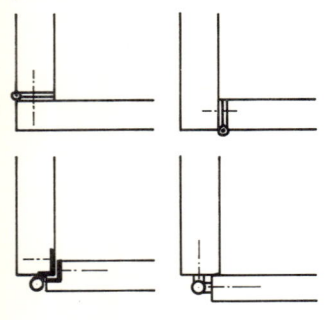

48 *Scharniervarianten*

Griffe und Knöpfe

Bei Griffen und Knöpfen wird die Auswahl oft schwierig, da es hier weniger um konstruktive Belange als um

Fragen des designs geht. *Griffe* und *Knöpfe* (49) bestimmen oft das ganze Bild eines Möbelstücks. Deshalb sollte die Entscheidung für eine bestimmte Ausführung sorgfältig überlegt und keineswegs ausschließlich vom Preis abhängig gemacht werden.

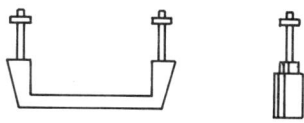

49   *Klare Griff- und Knopfform*

Die Auswahl eines *Feststellers* (50) zum Halten einer Klappe ist dagegen überwiegend ein technisches Problem, da es auch hierbei mehrere Ausführungen in verschiedenen Größen gibt. Grundsätzlich sollte man den erstandenen Feststeller auf einem Stück Papier 1:1 in seinen beiden Endstellungen aufzeichnen. Auf diese Weise erhält man die genaue Lage der Bohrlöcher zum Anschrauben des Feststellers und vermeidet Fehlbohrungen.

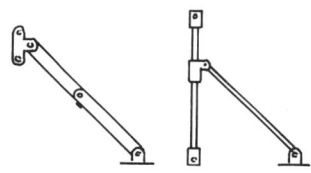

50   *Klappenfeststeller*

Schnäpper

Nicht jedes mit Tür oder Klappe verdeckte Fach muß abschließbar sein. Vielfach genügt ein *Schnäpper* zum Festhalten. Neben den konventionellen Kugel- oder Rollenschnäppern werden heute überwiegend Magnetschnäpper (51) verwendet. Bei zwischenschlagenden Türen dienen sie nicht nur zum Festhalten der Tür, sondern gleichzeitig als Anschlag. Dadurch erübrigt sich eine Anschlagleiste. Grundsätzlich muß zuerst das Eisenplättchen auf der Innenseite der Tür oder Klappe angeschraubt werden. Damit ergibt sich das Tiefenmaß für den Abstand des Magnetschnäppers von der Schrankvorderkante. Die Langlöcher im Magnetschnäpper erlauben eine nachträgliche Korrektur. Um eine Tischplatte auf dem Tischrahmen zu befestigen, könnte man beispielsweise Eisenwinkel verwenden. Es gibt aber auch sogenannte Tischklammern (52), die unter der Tischplatte angeschraubt und seitlich in den Tischrahmen geschlagen werden.

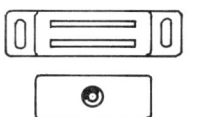

51   *Magnetschnäpper*

Fachbrett-Träger

Ähnlich nützliche Beschläge sind die Fachbrett-Träger. Die einfachste Ausführung besteht aus einem Kunststoff-

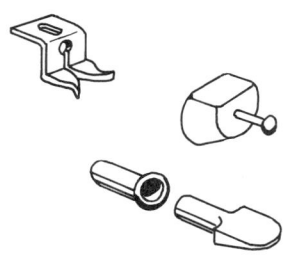

52/53   *Tischplattenklammer und Brettträger*

körper mit Messingnagel. Einschlagen und fertig. Für längere und mit Büchern vollbelegte Bretter nimmt man besser Fachbrett-Träger aus Messing (53). Sie haben einen zylindrischen Schaft, der in ein Tragplättchen mündet. Der Schaft wird in eine Messinghülse gesteckt, die im Seitenbrett eingelassen werden muß. Diese Ausführung hat auch den Vorteil, daß man bei Demontage und Umzug die Seitenbretter plan aufeinanderliegend transportieren kann. Den hier erwähnten Beschlägen werden Sie im anwendungstechnischen Teil dieses Buches wieder begegnen und Näheres über Einsatz und Montage erfahren.

Die Oberflächenbehandlung

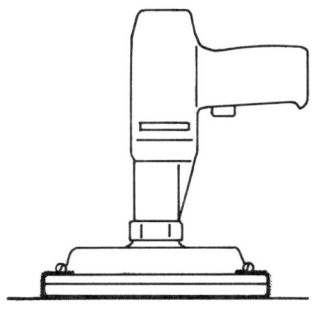

So alt wie die Herstellung von Gebrauchsgegenständen aus Holz ist auch das Thema Oberflächenbehandlung oder besser -veredlung. Ziel ist nicht nur ausschließlich die Verschönerung, sondern meist gleichzeitig auch die Haltbarmachung des Werkstoffs durch eine Ober-flächenversiegelung. Jede Holzbehandlung in diesem Sinne setzt voraus, daß die zu bearbeitenden Flächen vollkommen glatt abgeschliffen sind. Das geschieht in der Regel mit dem Schleifklotz, der für die Endbehandlung mit feinstem Schleifpapier zu bespannen ist. Bei größeren Flächen ist dies allerdings etwas mühsam. Man greift deshalb gern zur elektrischen Bohrmaschine, die mit einem entsprechenden Zusatzgerät schnell in eine Schleifmaschine verwandelt werden kann (54).

54   *Bohrmaschine mit Schleif-vorsatz*

Objekte aus Holz, die im Freien der Witterung ausgesetzt werden sollen, müssen vor dem Anstreichen mit einem Holzschutzmittel behandelt werden, damit sie nicht faulen. Anschließend ist mindestens zweimal mit Ölfarbe und zuletzt mit Außenlack beziehungsweise Standöl zu streichen. Wenn die Maserung des Holzes erhalten bleiben soll, sind entsprechend mehrmalige Aufträge mit Klarlack erforderlich.

Beizen

Zum bloßen Einfärben von Naturholz unter Beibehaltung der Holzstruktur verwendet man *Holzbeizen.* Man erhält sie meist in Pulverform und löst sie nach Gebrauchsan-weisung in Wasser oder Spiritus auf. Grundsätzlich ist zu unterscheiden zwischen Farbbeizen und chemischen Beizen. Farbbeizen ergeben ein negatives Bild der Holz-maserung, das heißt die weichen hellen Stellen des Hol-zes nehmen mehr Farbe auf als die dunkleren.

Bei den chemischen Beizen ist es umgekehrt. Sie unterstützen die natürliche Maserung des Holzes durch Tieferfärben der dunklen Stellen, was besonders die Wirkung von Edelhölzern effektvoll erhöht. Durch das Beizen kann eine leichte Aufrauhung des Holzes eintreten, so daß noch einmal vorsichtig nachgeschliffen werden muß. Außer den erwähnten Beizen gibt es auch Wachsbeizen, die gelöstes Wachs enthalten. Nach dem Trocknen erhalten die Holzflächen durch Bürsten und Abreiben mit weichem Lappen einen seidigen Glanz.

Mattieren

Mit gebrauchsfertiger *Zellulosemattierung,* die gleichmäßig dünn mit Wattebausch oder weichem Pinsel aufgetragen wird, erzielt man neben dem Schutz gegen Feuchtigkeit eine politurähnliche, glänzende und fast kratzfeste Oberfläche mit leicht nachgedunkelter Maserung.

Anstreichen

Beim *Anstreichen* mit Öl- und Lackfarben wird im Gegensatz zum Beizen und Mattieren die natürliche Maserung des Holzes vollständig zugedeckt. Dieses Verfahren wird deshalb nur bei billigem Holz sowie Tischler- und Spanplatten angewandt.

Grundsätzlich müssen die feingeschliffenen Holzoberflächen zunächst eine Grundierung mit Grundierfarbe erhalten, nachdem vorher kleine Unebenheiten mit Flüssigholz, Kitt oder Spachtelmasse sorgfältig beseitigt wurden. Nach dem Trocknen der Grundierung wird diese noch einmal vorsichtig nachgeschliffen. Erst dann erfolgt der erste dünne Farbauftrag, dem nach vollständigem Trocknen ein zweiter und erforderlichenfalls dritter folgen. Eine etwas umständliche und auch zeitraubende Prozedur, die in Verbindung mit unausbleiblichen Kleckereien, Pinsel- und Handwaschungen die Geduld des Heimwerkers stark strapazieren kann.

Beschichten mit Folien

Eine andere, weitaus weniger nervenbelastende Methode ist die *Beschichtung* von Holzoberflächen mit selbstklebenden *Kunststoff-Folien,* die es heute in nahezu unüberschaubarer Vielfalt zu kaufen gibt. Selbst echtes Furnierholz kann als Selbstklebefolie spielend leicht aufgeklebt und wie oben beschrieben nachbehandelt werden (55).

Gewiß sind Selbstklebefolien nicht gerade billig, selbst wenn man ihre leichte Verarbeitung, ihre Haltbarkeit und Resistenz gegen Verschmutzung in Betracht zieht. Dafür wirken die verschiedenen Dessins, namentlich die Holzmuster mit Oberflächenriffelung oder die Lederstrukturen, so echt, daß man sie bestenfalls erst auf den zweiten Blick als Nachahmungen erkennt. Vor allem aber sind es die weißen und einfarbigen Folien, die mit ihrer glänzenden oder mattschimmernden Oberfläche von keinem noch so gleichmäßigen Farbauftrag übertroffen werden können. Um ein wirklich tadelloses Ergebnis erzielen zu können, müssen allerdings auch bei dieser Beschichtungstechnik einige Regeln beachtet werden.

Beim Abziehen der Folie vom rückseitigen Papier entsteht Reibungselektrizität, so daß Staub und selbst größere Partikeln heftig angezogen werden und auf der Klebseite haften. Deshalb muß der Arbeitsraum, und vor allem das zu beschichtende Werkstück weitgehendst staubfrei sein.

Spanplattenkanten sind völlig glatt zu schleifen und besonders sorgfältig zu entstauben. Folie ohne Druck ganz leicht auflegen und nach erfolgter Einrichtung immer von innen nach außen streichen. Nur so kann der Einschluß von Luftblasen vermieden werden. An Plattenkanten muß mit dem Handballen so lange entlang gestrichen werden, bis sich die Folie ohne Spannung willig und fast vonselbst umschlagen und andrücken läßt. Wird die Gegenseite nicht beschichtet, soll der Umschlag mindestens 5 cm Breite haben. Ist dagegen eine beidseitige Beklebung vorgesehen, genügt entweder ein Überstand von 5 mm, der auf der einen Plattenseite von

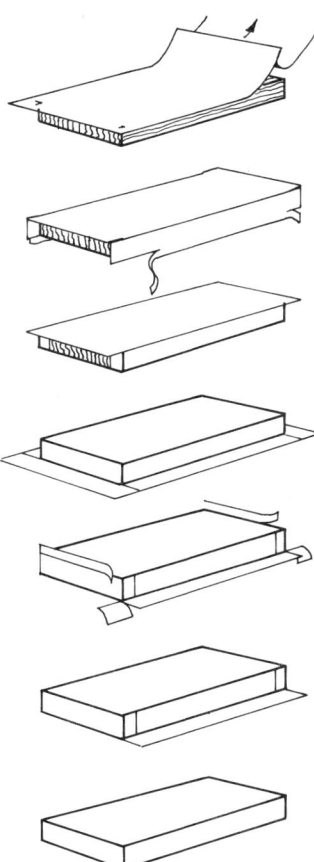

55   Beschichten einer Spanplatte mit Selbstklebefolie

45

der bis zum Plattenrand reichenden Folie überdeckt wird oder aber man verlegt die Überlappungszone genau auf die Schnittkanten der Platte, was die elegantere Lösung ist.

Alle Folien aus Kunststoff werden im Laufe der Zeit härter. Auch muß damit gerechnet werden, daß sie mehr oder weniger zum Schrumpfen neigen, was bei Überlappungen zu berücksichtigen ist.

Tischlerpraxis

Anwendungstechnischer Teil

Dem Heimwerker, der nun die eingangs vermittelten Kenntnisse in die Tat umsetzen will, bieten sich in Haus und Garten unbegrenzte Möglichkeiten. Hierzu geben die Baubeispiele auf den folgenden Seiten eine Fülle von Anregungen zum Nachbauen und zu eigenen Schöpfungen. Der ausgewählte Querschnitt spannt unter Anwendung aller erwähnten Holzbearbeitungstechniken einen Bogen vom stabilen, dauerhaften Holzspielzeug über allerlei nützliche Dinge für die Wohnungseinrichtung bis zur großen Wohnzimmer-Schrankwand.

Eine Dampflok mit Kipploren für Haus und Garten

Die größte Faszination geht nach wie vor von der guten alten Dampflok aus. Das Spiel der Treib- und Kuppelstangen, in Zylindern hin und her gleitende Kolben, Schornstein, Dampfdom, Glocke und Pfeife, all diese Merkmale einer richtigen Dampflok — welches käufliche Holzspielzeug kann das schon bieten? Hier ist eine besonders schöne Aufgabe für den Heimwerker, ein Bastel-Hit für den Winter, der Vater und Sohn Spaß macht. Dampflok und Kipploren haben breite Holzrollen als Räder. Der Zug ist deshalb gleich gut zum Spiel im Zimmer wie auch im Sandkasten geeignet. Als Material werden Weichholzleisten verschiedener Querschnitte und 8 mm Sperrholz verwendet.

Für die Lok mit zwei Loren sind 14 Holzrollen von 40 mm ϕ erforderlich. Die Beschaffung ist einfach, wenn man entweder selbst über eine Drechselbank verfügt oder einen guten Drechsler kennt. Man kann sich auch ein Rundholz von 50 mm ϕ und etwa 40 cm Länge besorgen. Das Abdrehen, -schneiden und Bohren übernimmt dann eventuell ein Dreher. Wichtig für das tadellose Funktionieren des Maschinchens ist auf jeden Fall, daß die Holzrollen absolut rund und die Bohrungen genau achsial und zentrisch sind.

Der Fahrgestellträger der Lok (1) besteht aus einem Kantholz von 20 × 20 mm Querschnitt und 238 mm Länge. Nach Abschrägen der Stirnseiten laut Zeichnung werden die Bohrlöcher sorgfältig angezeichnet, gekörnt und mit einem 6,8 mm Bohrer gebohrt. Diese und alle anderen Bohrungen müssen unbedingt mit einer Ständerbohrmaschine ausgeführt werden.

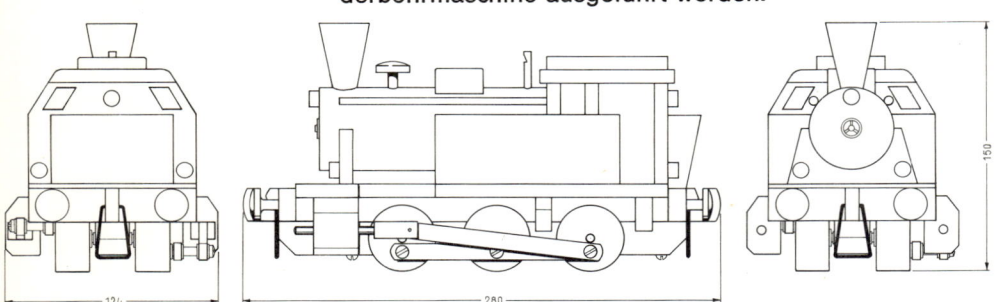

Von einem Stück Messingrohr, das man ebenso wie den Rundstahlstab für die Achsen (7) im Heimwerkerbedarfsgeschäft erhält, sägen Sie nun 24 mm lange Hülsen (8) ab. Vor dem Eintreiben der an den Außenkanten leicht »angespitzten« Hülsen empfiehlt es sich, die Bohrungen im Fahrgestellträger mit UHU plus einzustreichen. Alle Hülsen sollen beidseits je 2 mm aus dem Fahrgestellträger herausragen. Die 2,5 mm Bohrungen in den sechs Lok-Rädern (2) für die Kuppel- und Treibstangen-Gewindeschrauben (9, 11) müssen alle genau den gleichen Abstand von 8 mm von der Radmitte haben. Das ist ganz einfach dadurch zu erreichen, daß man auf der Grundplatte der Ständerbohrmaschine einen Eisenwinkel in entsprechender Lage festklemmt. So kommen alle Räder zwischen den Schenkeln des Winkels automatisch in die gleiche Lage.

Es ist klar, daß die drei Bohrungen in den Kuppelstangen (3) exakt mit den Achsbohrungen im Fahrgestellträger übereinstimmen müssen. Ein kleiner Trick erleich-

48

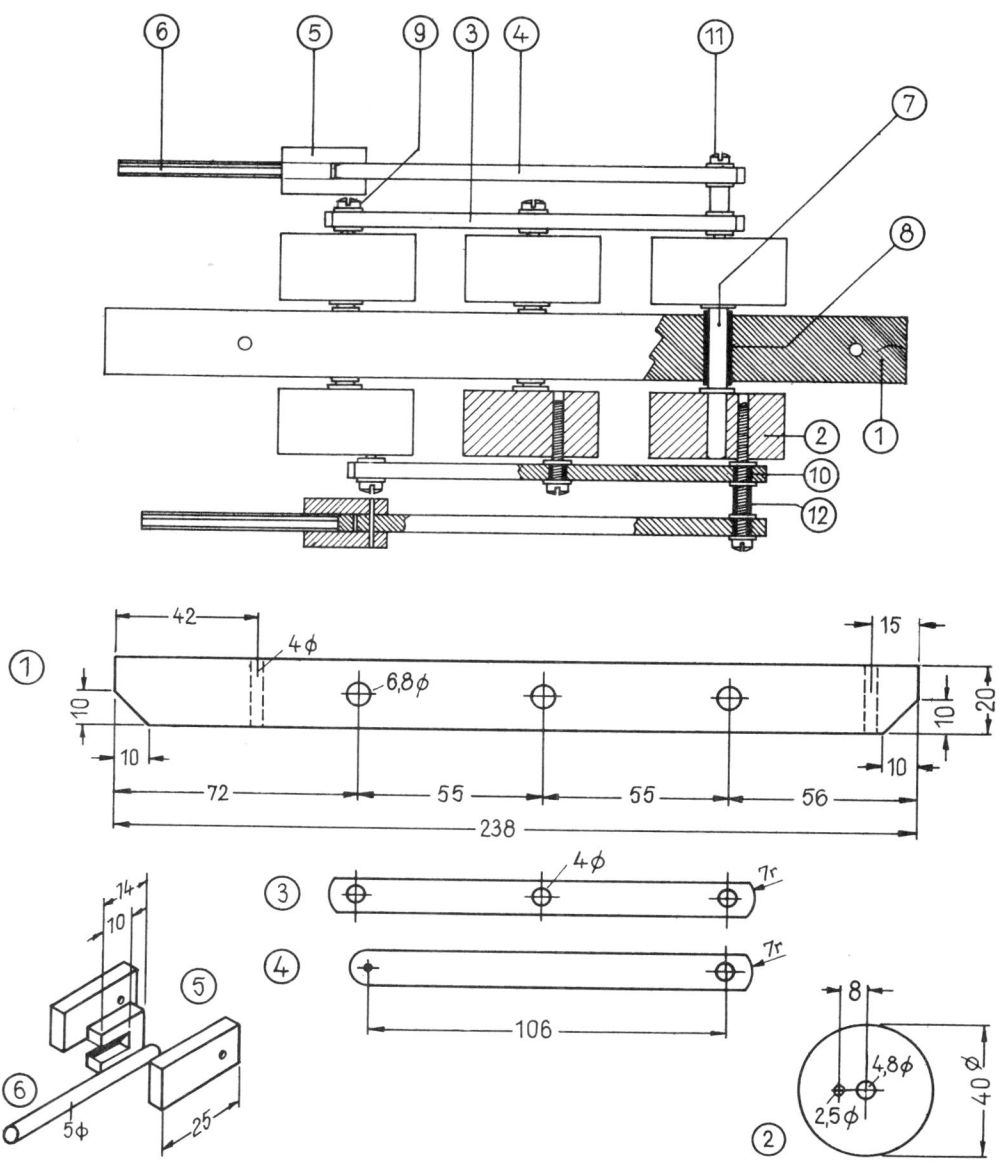

tert diese Arbeit: die zunächst nur ungefähr auf passende Länge zugeschnittenen Kuppelstangen klemmt man nacheinander mit Schraubzwingen auf den herausstehenden Hülsen des Fahrgestellträgers fest. Dann steckt man einen 5 mm Bohrer umgekehrt, also mit dem glatten Schaft, auf der Gegenseite in die Hülse und gibt ihm über ein dazwischen gelegtes Holzstück einen leichten Schlag. So erhalten die Kuppelstangen Körnungen für ihre 4 mm Bohrungen. Als Lagerhülsen für die 3 M-Gewindeschrauben (9, 11) können Messingrohrabschnitte oder Hohlnieten verwendet werden. Die Hülsen (10) werden auf 5 mm abgelängt, ihre Kanten mit der Feile gebrochen und vorsichtig eingetrieben. Auch die Treibstangen (4) erhalten am hinteren Ende eine Lagerhülse und vorn eine 1,5 mm Bohrung für die aus einem Nagel zu fertigende Achse, die sie mit der Kolbenhalterung (5) verbindet. Die Zeichnung läßt erkennen wie die Kolbenhalterungen (5) mit der einzuleimenden Kolbenstange (6) aussehen. Die verbleibenden Fugen werden mit Flüssigholz ausgefüllt.

Vor dem Zusammenbau des Fahrgestells empfiehlt es sich, die einzelnen Teile mit Plakafarben anzustreichen und mit einem Klarlack zu lackieren. Schrauben Sie dann zunächst die Gewindeschrauben probeweise bis auf 10 mm Tiefe in die Räder, dann geht später das endgültige Anschrauben von Kuppel- und Treibstangen leichter vor sich. Die auf 67 mm abgelängten Achsen (7) werden erst mit ihrem einen Ende in die Räder eingetrieben. Die Achsbohrungen müssen vorher mit UHU plus eingestrichen sein. Beilagscheiben nicht vergessen, wenn jetzt die durch die Achslagerhülsen gesteckten Achsen in die Bohrungen der Gegenräder eingetrieben werden. Dabei ist zu beachten, daß die Bohrungen für die Kuppelstangen-Gewindeschrauben um 90° versetzt sind. Eine Korrektur ist nachher immer noch möglich, solange UHU plus noch nicht abgebunden hat. Gleich anschließend schrauben Sie erst auf einer Seite eine Kuppelstange an. Dabei wird sich schnell herausstellen, ob deren Bohrungen wirklich mit den Achsbohrungen im Fahrgestell übereinstimmen. Falls etwas klemmt, muß festgestellt werden, bei welchem Rad dies der Fall ist. Durch leichtes Abfeilen der entsprechenden Ge-

50

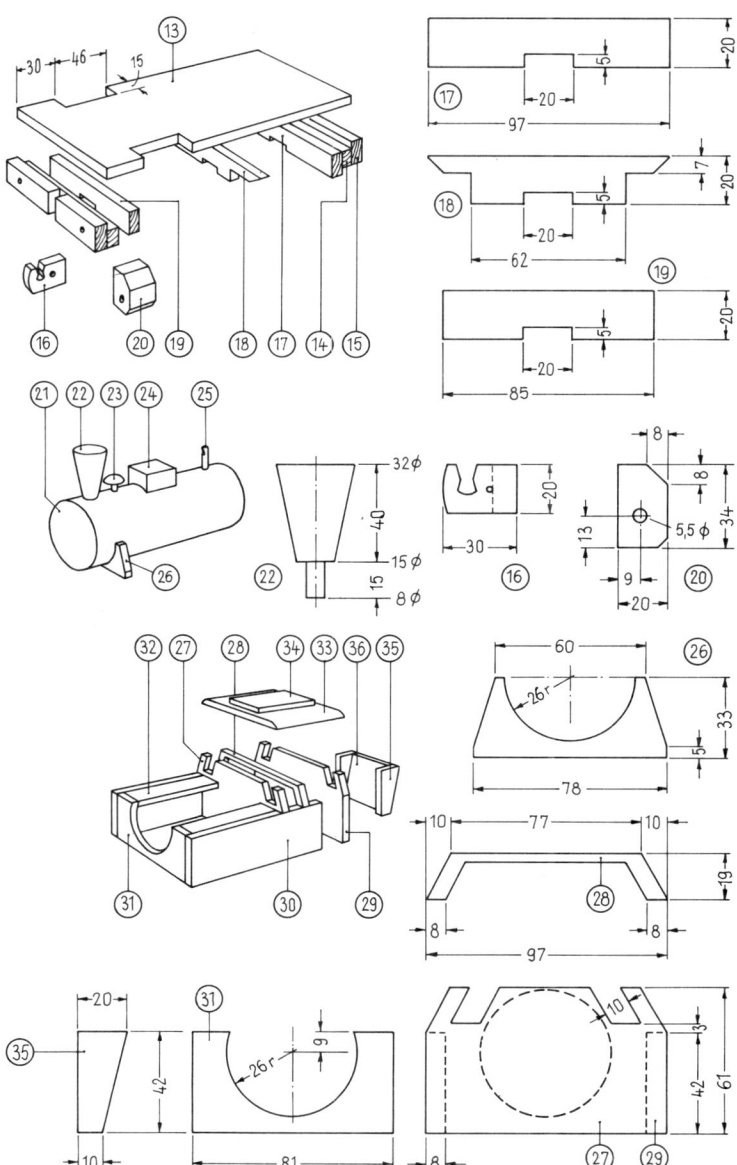

windeschraube ist der Schaden meist regulierbar. Keinesfalls dürfen die Gewindeschrauben verbogen werden. Ist das Fahrgestell fertig zusammengeschraubt und bewegen sich die gegeneinander um 90° versetzten Kuppel- und Treibstangen so leichtgängig, daß das Fahrgestell auf einer glatten Tischplatte ruckfrei rollt, ist der schwierigste Teil des Lok-Baus bereits überstanden. Wie der weitere Lok-Aufbau vor sich geht, ist aus der Abbildung zu erkennen. Sie enthält auch die Abmessungen der einzelnen Teile, die ebenso wie die nicht gezeigten unter den gleichen Nummern in der Stückliste aufgeführt sind.

Mit zwei Rundkopfschrauben von 4 ϕ × 40 mm und dazu passenden Beilagscheiben wird das Fahrgestell mit dem Aufbau verschraubt. Damit das anschließende Anstreichen leichter fällt, sollte das Dach des Führerhauses erst am Schluß aufgeleimt werden. Die Puffer können gedrechselt werden. Man kann aber auch Knöpfe verwenden, wie man sie als Gleitschutz unter Stuhlbeine nagelt. In diesem Falle streift man 10 mm lange, längsdurchbohrte Holzhülsen aus 8 mm Rundholz über die Nägel. Die Lampen bestehen aus abgelängtem 10 mm Rundholz. Nun noch die Kesselrohre und die Pfeife aus 5 mm Rundholz anleimen, dazu einen großen Druckknopf als Handrad auf die Kesselstirnseite, dann kann der Anstrich beginnen.

Pufferbohlen und die Kante der Grundplatte (13) sowie die inneren Kanten der Fenster werden rot, Glocke und Lampenstirnflächen gelb, alles andere schwarz. Nach dem Lackieren kann das nahezu modellgerechte Aussehen der Lok durch Zahlenschildchen auf Kesselstirnseite und Tender sowie durch weiße Zahlen auf den Wasserkästen noch gesteigert werden. Mit dem Biegen und Einpassen der Hakenbügel aus 2 mm dickem Eisendraht ist die kleine Modell-Dampflok fertig.

Für die Kipploren sind Achsen (12) von ebenfalls 5 mm ϕ, jedoch 86 mm Länge notwendig. Die Räder (11) sind die gleichen wie bei der Lok. Sie werden so weit über die Achsenden getrieben, daß sie, über ihre äußeren Stirnflächen gemessen, 65 mm Abstand voneinander haben und die Achsenden an beiden Seiten gleichmäßig

10,5 mm herausstehen. Die 170 mm langen Achsträger (8) erhalten genauso wie beim Fahrgestellträger der Lok im Abstand von 82 mm Buchsen aus Messingrohr (13).

Sägen Sie zunächst die Muldenfrontseiten (1) aus 8 mm Sperrholz und die Muldenseiten (2, 3) aus 3 mm Sperrholz aus. In die 5 mm Bohrungen der Muldenfrontseiten werden die 18 mm langen Muldenachsen (10) eingeleimt und die Mulden dann zusammengeleimt.

Nach dem Aussägen der Muldenträger (4) und der übrigen Teile kann mit dem Zusammenbau begonnen wer-

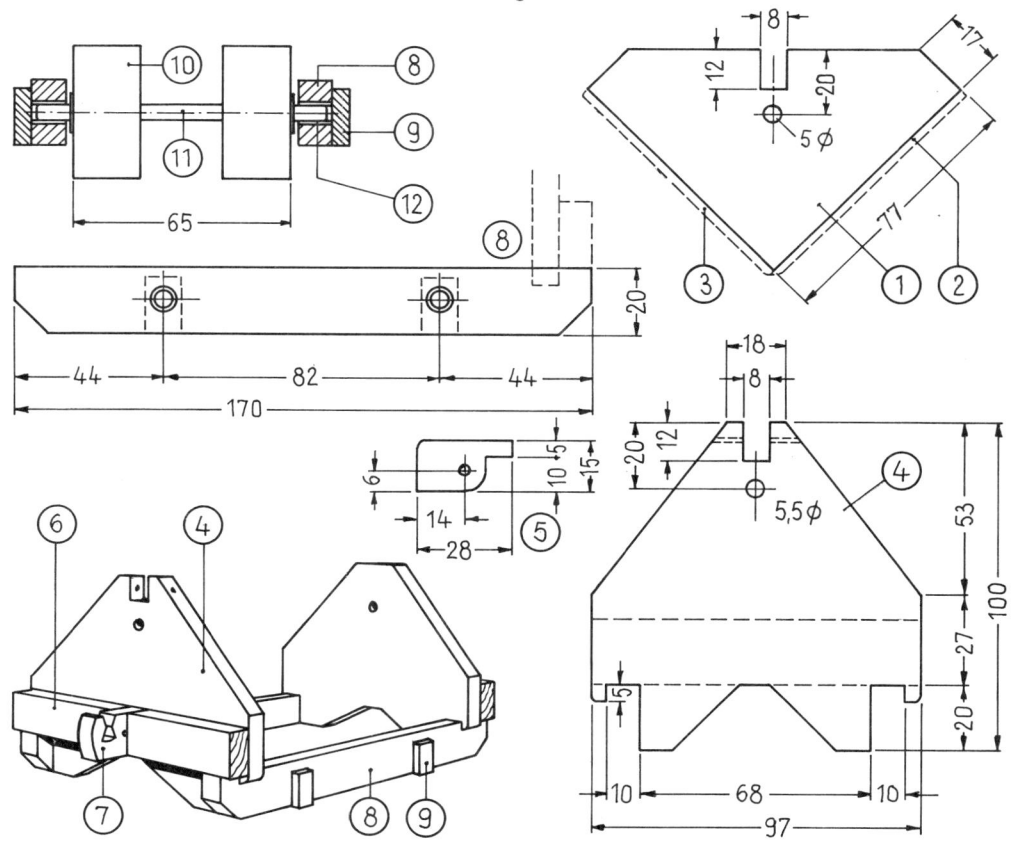

Stückliste, Dampf-Lok

Nr.	Bauteil	Material	Abmessungen in mm	Anzahl
1	Fahrgestellträger	Weichholz	20×20×238	1
2	Räder	Weichholz	40Ø×20	6
3	Kuppelstangen	Weichholz	5×10×124	2
4	Treibstangen	Weichholz	5×10×118	2
5	Kolbenhalterungen	Weichholz	5×10×25	4
			5×10×14	2
6	Kolben	Rundholz	5Ø×56	2
7	Radachsen mit 6 Unterlegscheiben	Rundstahl	5Ø×67	3
8	Achslagerhülsen	Messingrohr	7Ø×24	3
9	Kuppelstangen-Gewindeschrauben mit 8 Unterlegscheiben	Messing	M 3×25	4
10	Lagerhülsen	Messing	4Ø×5	8
11	Treibstangen-Gewindeschrauben mit 8 Unterlegscheiben	Messing	M 3×40	2
12	Abstandshülsen	Messing	4Ø×8	2
13	Grundplatte	8 mm Sperrholz	97×220	1
14	Querstäbe	Weichholz	10×15×97	2
15	Pufferbohlen	Weichholz	10×20×45	4
16	Haken	8 mm Sperrholz	20×30	2
17	hinterer Querträger	Weichholz	10×20×97	1
18	mittlerer Querträger	Weichholz	10×20×97	1
19	vorderer Querträger	Weichholz	10×20×85	1
20	Zylinder	Weichholz	20×34×26	2
21	Kessel	Weichholz	52Ø×134	1
22	Schornstein	Weichholz	32Ø×55	1
23	Glocke (und Puffer)	Weichholz	20Ø×25	5
24	Dampfdom	Weichholz	28×28×16	1
25	Pfeife	Rundholz	5Ø×32	1
26	Kesselstütze	8 mm Sperrholz	33×78	1
27	Führerhaus-Frontseite	8 mm Sperrholz	61×97	1
28	Dachträger	8 mm Sperrholz	19×97	1
29	Führerhaus-Rückseite	8 mm Sperrholz	61×97	1
30	Wasserkastenseiten	8 mm Sperrholz	42×108	2
31	Wasserkasten-Frontseite	8 mm Sperrholz	42×81	1
32	Wasserkasten-Abdeckungen	8 mm Sperrholz	16×58	2
33	Dach	8 mm Sperrholz	77×80	1
34	Oberdach	8 mm Sperrholz	40×70	1
35	Tenderseiten	8 mm Sperrholz	20×42	2
36	Tender-Rückwand	8 mm Sperrholz	45×54	1
37	Lampen	Rundholz	10Ø×10	6
38	Kesselrohre	Rundholz	5Ø×122	2
39	Hakenbügel	Eisendraht 2 Ø	20×30	2

Stückliste, Kipploren

Nr.	Bauteil	Material	Abmessungen in mm	Anzahl
1	Mulden-Frontseiten	8 mm Sperrholz	77×77	4
2	Mulden-Seite 1	3 mm Sperrholz	80×132	2
3	Mulden-Seite 2	3 mm Sperrholz	77×132	2
4	Mulden-Träger	8 mm Sperrholz	97×100	4
5	Feststellhebel	8 mm Sperrholz	15×28	2
6	Pufferbohlen	Weichholz	10×20×45	8
7	Haken	8 mm Sperrholz	20×30	4
8	Achsträger	Weichholz	20×170	4
9	Achsblenden	Weichholz	5×10×18	8
10	Muldenachsen	Rundholz	5Ø×18	4
11	Räder	Weichholz	40Ø×20	8
12	Radachsen mit 8 Unterlegscheiben	Rundstahl	5Ø×86	4
13	Achslagerhülsen	Messingrohr	7Ø×10	8
14	Hakenbügel	Eisendraht 2 Ø	20×30	4

den. Es ist jedoch ratsam, vorher die Mulden, die Innenseiten von Mulden- und Achsträgern sowie die Räder anzustreichen, da sie nach der Montage für den Anstrich kaum mehr zugänglich sind. Nach dem endgültigen Anstrich sind noch die Feststellhebel (5) und die Hakenbügel (14) anzubringen, dann kann der Zug seine Fahrt ins Kinderzimmer nehmen — ein Mordsspaß für den stolzen Vater und seinen Jüngsten.

Ein Anbauschrank
für das Schlafzimmer

Es gibt keinen Schlafzimmerschrank, der nicht schon nach kurzer Zeit wieder zu klein wäre. Aber es gibt immer links oder rechts davon eine Ecke. Meist steht da der Korb für gebrauchte Wäsche (der im Schlafzimmer eigentlich sowieso nichts zu suchen hat), oder die Nische ist mit einer Kleiderstange überbrückt, die manchmal sogar mit einem Vorhang den Blicken entzogen ist. Aber ehrlich — sind das Lösungen, wenn ein angehender Tischler im Hause ist? Der hier gezeigte Vorschlag hat eine ganze Menge Vorzüge: Einfache Konstruktion, hervorragende Anpassung an den vorhandenen Kleiderschrank, leicht und schnell zu bauen — und vor allem preiswert. Ein echtes Sonderangebot.

Sehen Sie sich zunächst einmal die perspektivische Übersichtszeichnung an. Da ist unten der Sockel, bestehend aus einem U-förmigen Rahmen mit aufgelegter Bodenplatte. Die seitlichen Rahmen sind aus Kanthölzern zusammengefügt. Zwei Zwischenbretter, eine Deckenplatte und eine mit Klavierband aufgesetzte Tür, das ist alles.

Wer will, kann natürlich Seitenwände und Rückwand aus 3 mm Hartfaserplatten ansetzen. Unbedingt nötig ist das aber nicht, denn der Schrank wird ja millimetergenau in die vorhandene Nische eingepaßt. Deshalb sind auch die Höhen und Tiefenmaße in Buchstaben statt in Maßzahlen angegeben. Die maximale Breite von 80 cm sollte jedoch nicht überschritten werden. Das hat seinen Grund, denn die größte Rollenbreite bei Selbstklebefolien beträgt 90 cm, und auf einem Türblatt kann schlecht gestückelt werden.

Stellen Sie zunächst die in der Stückliste fehlenden Maße fest. Dazu messen Sie zuerst die Breite der Nische aus, und zwar an mehreren Stellen, denn eine Zimmerwand ist nur in ganz seltenen Fällen völlig eben. Der geringste Abstand minus 5 mm ist das Breiten-Konstruktionsmaß

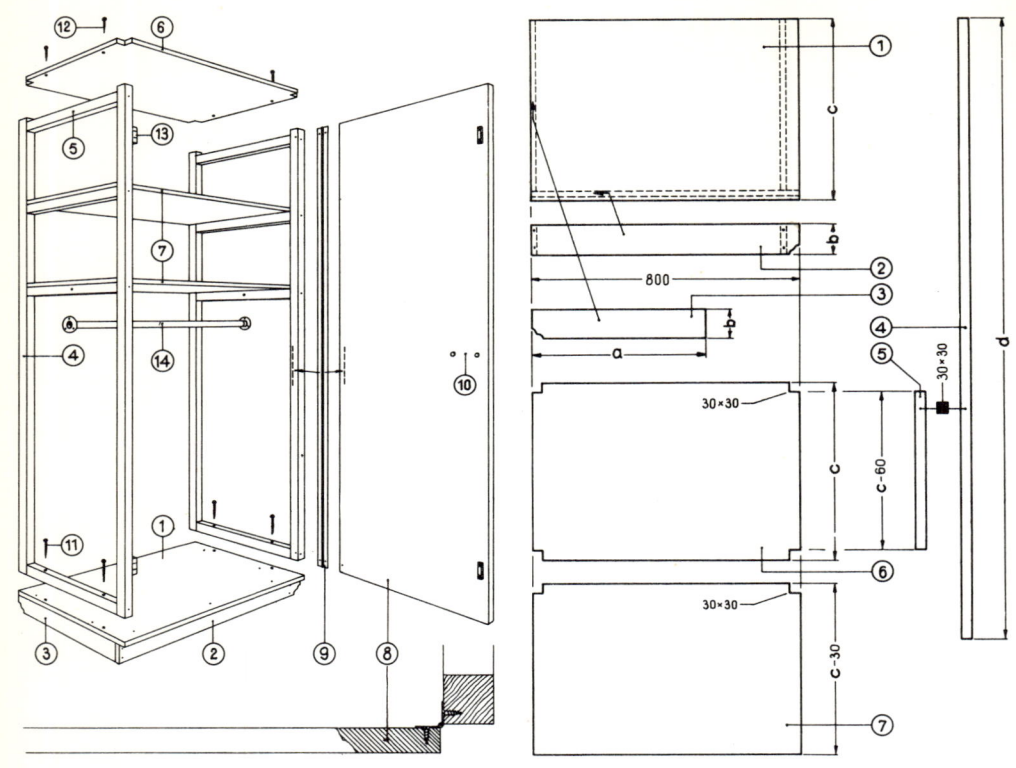

des Schrankes. Nun ermitteln Sie die Schranktiefe c. Hierbei ist folgendes zu beachten:

Der Anbauschrank hat eine aufgesetzte Tür, wie es bei modernen Möbeln meist der Fall ist, das heißt, die Tür liegt auf dem eigentlichen Möbelkörper auf. Messen Sie deshalb von der Möbelkörper-Vorderkante bis hinten zur Wand. Das ist das Maß c. Damit liegen Breite und Tiefe fest. Die Höhe des Anbauschrankes setzt sich aus der Sockelhöhe b, der Dicke der Bodenplatte (1) und der Rahmenhöhe d zusammen. Hier sollten Sie sehr sorgfältig mit dem Zollstock messen, damit sich später bei der Montage keine Differenzen ergeben. Die Sockelhöhe b wird am vorhandenen Kleiderschrank abgenom-

56

men. Dazu kommt die Dicke der Bodenplatte (= 16 mm). Der Rest der Strecke bis zur Schrankoberkante ist die Rahmenhöhe d.

Die Holzteile können nun im Heimwerkerbedarfsgeschäft fix und fertig zugeschnitten bezogen werden. Nur die Ecken bei den Platten 6 und 7 sind später noch auszuschneiden. Die Kanthölzer sollen astfrei, allseitig glatt gehobelt und an den Enden genau winklig abgesägt sein.

Die Montage ist harmlos. Passen Sie zuerst den Sockel (2, 3) ein, nachdem Sie an den Enden die der Fußbodenleiste entsprechende Kontur abgesägt haben. Dann legen Sie die Bodenplatte (1) provisorisch auf, um zu kontrollieren, ob alles mit dem vorhandenen Kleiderschrank fluchtet. Stimmt die Richtung, dann kann der Sockel (2, 3) verleimt und vernagelt werden. Anschließend wird die Bodenplatte (1) paßgenau auf den U-Rahmen aufgeleimt und ebenfalls genagelt. Die Nägelköpfe sind zu versenken und mit Flüssigholz zuzukitten. Das Frontbrett (2) und die Bodenplatte (1) werden mit Selbstklebefolie beschichtet. Damit ist der Sockel des Anbauschrankes bereits fertig.

Stellen Sie nun die Seitenrahmen her. Vorher prüfen Sie noch einmal, ob die Länge der Längsträger (4) genau stimmt: Auf dem Sockel senkrecht aufgestellt, müssen sie mit der Schrankoberkante bündig abschließen. Dann legen Sie nach Wunsch die Abstände für die Zwischenbretter (7) fest und bringen entsprechende Markierungen für die Lage der Rahmenquerträger (5) auf den vier Rahmenlängenträgern (4) an. Der unterste Querträger schließt bündig mit den unteren Enden der Längsträger ab. Der oberste Querträger liegt dagegen um die Dicke der aufgelegten Deckenplatte (6), also um 16 mm tiefer.

Hier geht es nun um insgesamt acht Stoßverbindungen pro Rahmen. Schlitz und Zapfen wären in diesem Falle zweifellos die handwerklich beste Lösung. Die einfachste und hinsichtlich der Festigkeit durchaus noch zu vertretende Lösung ist Leimen und Nageln, wie es die Zeichnung zeigt. Das setzt natürlich wirklich exakt winklige Enden der Querträger voraus. Gleich nach dem Zusammenbau des ersten Trägers setzen Sie ihn auf den bereits montierten Sockel und kontrollieren, ob er genau winklig ist. Eine eventuell notwendige Korrektur kann durch leichten Druck vorgenommen werden. In der gleichen Weise verfahren Sie mit dem zweiten Rahmen. Anschließend werden die vorn befindlichen Längsträger sorgfältig mit selbstklebender Folie beschichtet. Für den übrigen Rahmen genügt ein einmaliger Anstrich mit gut deckender und schnelltrocknender Farbe.

Als nächstes richten Sie die Deckenplatte (6), die lose oben aufgelegt wird, damit die heraussägenden Ecken angezeichnet werden können. Bevor nun auch die Deckenplatte auf ihrer Unterseite — vorn und hinten großzügig umgeschlagen — mit Selbstklebefolie beklebt wird, machen Sie eine Montageprobe. Die Deckenplatte soll sich leicht zwischen den Längsträgern der beiden Rahmen einfügen und vorn bündig abschließen. Dann können die Rahmen mit Decken- und Bodenplatte verschraubt werden.

Sollte zwischen dem äußeren Rahmen und der Wand etwas Luft sein, empfiehlt es sich, den Rahmen mit kleinen Holzkeilen gegen die Wand abzustützen, wodurch gleichzeitig der wünschenswerte Anpreßdruck gegen den Kleiderschrank auf der anderen Seite erfolgt. Ein Drahtstift, der durch den mittleren Querträger des einen Rahmens in die Wand geschlagen wird, sichert zusätzlich die Lage des Anbauschrankes.

Nun können Sie auch die Ecken der Zwischenbretter (7) aussägen. Die gut entstaubten Platten werden rundum — Überlappung auf der hinteren Kante — mit Selbstklebefolie beschichtet und ohne weitere Befestigung einfach eingelegt.

Vor Montage der Tür prüfen Sie ihre Maße, indem Sie die Tür unten in entsprechender Höhe abstützen und gegen den Anbauschrank drücken. Außen müssen Sie die Tür 2 mm von der inneren Kante des Rahmenlängsträgers entfernt ansetzen, so daß sie den anderen, am Schrank anliegenden Rahmenlängsträger um 22 mm überdeckt. Ist die Kontrolle befriedigend ausgefallen, so kann die Türplatte mit Folie beschichtet werden.

Klar, daß vorher alle Kanten mit dem Schleifklotz glatt-
geschliffen und leicht gebrochen werden. Dann die Türplatte mit leicht feuchtem Tuch abwischen, damit sie fürs
Beschichten staubfrei ist.

Beschichten Sie zunächst die Innenseite der Tür und
kleben Sie den allseitigen Überstand jeweils auf die Kanten um. Der dann noch verbleibende Überstand wird mit
flach angesetzter Schere abgeschnitten. In gleicher Weise
verfahren Sie mit der Vorderseite der Tür.

Auf der perspektivischen Abbildung (S. 56) sehen Sie,
wie das Klavierband angeschraubt wird. Zuerst an die
Tür, dann an den Längsträger im Schrank. Dazu brauchen Sie einen Helfer und passend zugeschnittene Un-
terstützungsklötze.

Stückliste, Schlafzimmer-Anbauschrank 80 cm breit

Nr.	Bauteil	Material	Ab-messungen in mm	Anzahl
1	Bodenplatte	16 mm Spanplatte	$c \times 800$	1
2	Sockel-Frontbrett	16 mm Spanplatte	$b \times 800$	1
3	Sockel-Seitenbretter	16 mm Spanplatte	$a \times b$	2
4	Rahmen-Längsträger	Kantholz 30×30	d	4
5	Rahmen-Querträger	Kantholz 30×30	$c - 60$	8
6	Deckenplatte	16 mm Spanplatte	$c \times 800$	1
7	Zwischenbretter	16 mm Spanplatte	$(c - 30)\ 800$	2
8	Tür	16 mm Spanplatte	$(d + x)\ 760$	1
9	Klavierband mit Schrauben	verchromt, 16 breit	$d - 6$	1
10	Türgriff mit 2 Abdeckkappen	verchromt	30×100	1
11	Rundkopfschrauben	Eisen	$4 \emptyset \times 45$	4
12	Rundkopfschrauben	Eisen	$3 \emptyset \times 35$	4
13	Magnetschnäpper			2
14	Kleiderstange mit Haltern	Messing		1
15	Drahtstifte	Eisen	$2,50 \emptyset \times 60$	30
16	Selbstklebefolie	Kunststoff 90 breit		

a = Sockeltiefe, b = Sockelhöhe, c = Schranktiefe, d = Schrankhöhe ohne Sockel
(d + x) = Türhöhe

Die Anbringung des Türgriffes bietet keine Schwierigkeiten, wenn vorher gut gemessen und gebohrt wurde.
Die innen überstehenden Gewindestifte werden abgezwickt und die Abdeckkappen darüber geschlagen. Zwei
Magnetschnäpper genügen, um die Tür sicher zu ver-
schließen. Die den Magneten enthaltenden Teile werden
an der Innenseite des Längsträgers angeschraubt, die
Eisenplättchen an der Tür-Innenseite. Vorsicht! Hier ist
genaues Messen erforderlich, damit es keine Fehlboh-
rung für die Schrauben gibt. Nun noch die Kleiderstange
einsetzen, dann ist der Anbauschrank fertig.

80 cm Schrankraum gewonnen! Nach Maß! Darüber freut
sich nicht nur der Heimwerker selbst, sondern vor allem
die Hausfrau.

Einbauschränke nach Maß

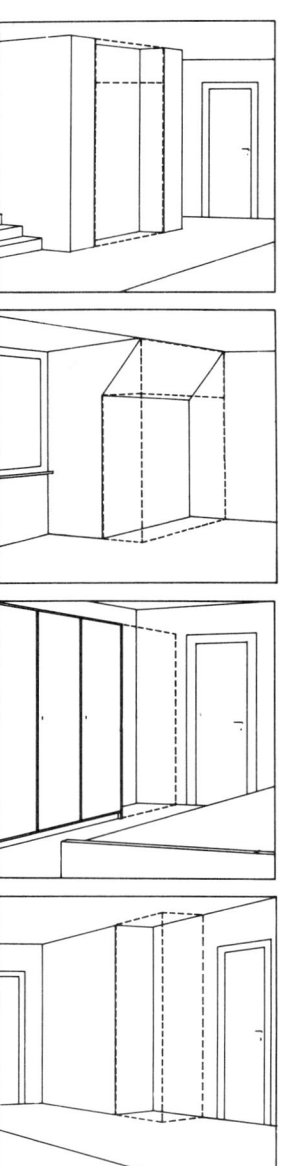

In vielen Häusern, mögen sie alt oder brandneu sein, finden sich ungenutzte Ecken und Nischen. Ihre Entstehung ist oft auf architektonische Kompromisse oder einfach auf unabänderliche bauliche Gegebenheiten zurückzuführen. Damit muß man sich aber keineswegs abfinden. Machen Sie das Beste daraus.

Hier meldet sich nun zunächst der Innenarchitekt zu Wort. Ebenso wie man sich bei einem Anbauschrank, wie zuvor beschrieben, nach den gegebenen Abmessungen und der Linienführung des vorhandenen zu ergänzenden Schrankes richtet, müssen beim Einbauschrank die formalen Gegebenheiten des Raumes berücksichtigt werden. Ein Einbauschrank muß sich also harmonisch in den Baukörper einfügen, er soll, mit den Wänden fluchtend, Nischen ausfüllen, Ecken abschließen und nicht etwa neue schaffen. Auch die Gliederung des Einbauschrankes in sich unterliegt bestimmten Gesetzen. So wird man zum Beispiel die durch Tür- oder Fensteroberkanten, durch Gardinenleisten oder Mobilar wie Tische, Wasserbecken und ähnlichem gebildeten und optisch auffälligen Waagerechten aufnehmen und beim Einbauschrank fortzusetzen versuchen.

Was bei Schränken selbstverständlich ist — senkrechte Seiten und rechte Winkel, ist bei Wänden reine Glückssache. Das gilt ebenso für Böden, die manchmal 3 cm und mehr Gefälle haben, wie für Decken mit ihren auf den ersten Blick gar nicht mal sichtbaren Wölbungen nach oben oder unten. Dies sollten Sie beim Ausmessen einer Ecke oder Nische unbedingt beachten, damit es später beim Einbau oder Einpassen des fertigen Schrankes keinen Ärger gibt. Also auf jeden Fall ausloten (Zwirnfaden mit Schlüssel daran) und Winkel prüfen (großer Winkel oder größerer, rechtwinklig beschnittener Zeichenkarton).

Badezimmer-Einbauschrank
mit Spiegel und Beleuchtung

Platz für einen Einbauschrank ist tatsächlich in der kleinsten Nische. Bei diesem Beispiel, das hinsichtlich der Konstruktionsweise als Anregung für ähnliche eigene Entwürfe dienen soll, wurde eine Nische von nur 50 cm Breite mit einem Einbauschrank ideal ausgenützt. Vorher stand darin ein Heizkörper, der beim Umbau entfernt wurde. Die Nische blieb.

Der Schrankkörper besteht aus weiß beschichteten 16 mm dicken Spanplatten, die Rückwand (12) aus 3 mm dicker Hartfaserplatte, die oben und unten in Höhe der Schrankfächer mit weißer Selbstklebefolie nachträglich zu beschichten ist.

Das obere Fach hat einen »doppelten Boden«, in dem eine Möbelleuchte untergebracht ist.

Als Spiegel wurde einfaches Maschinenglas von 3 mm Dicke verwendet (14). Die Mattglasscheibe (13) ist in der Tiefe um 4 mm kürzer gehalten, so daß der Spiegel einfach dahinter geschoben werden kann und auf diese Weise keiner weiteren Befestigung bedarf.

Der untere Teil des Schrankes besteht aus einem Querfach mit Klappe (5). Darunter sind weitere Fächer, die mit zwei Türen (4) verschlossen sind.

Wichtig: Für Einbauschränke nach diesem Konstruktionsprinzip, die also außerhalb der Nische fix und fertig zusammengebaut werden, ist zu beachten, daß der Sockel (hier nur aus Verlängerungsstücken der Seitenwände [1] bestehend) vom Schrankkörper getrennt ist, sonst kann man einen vom Boden bis zur Decke reichenden Schrank unmöglich aufstellen. Wir geben dieses interessante Baubeispiel absichtlich mit allen Maßen in Zeichnung und Stückliste wieder. Bei abweichenden Raumverhältnissen brauchen Sie nur die angegebenen Maße entsprechend zu ändern.

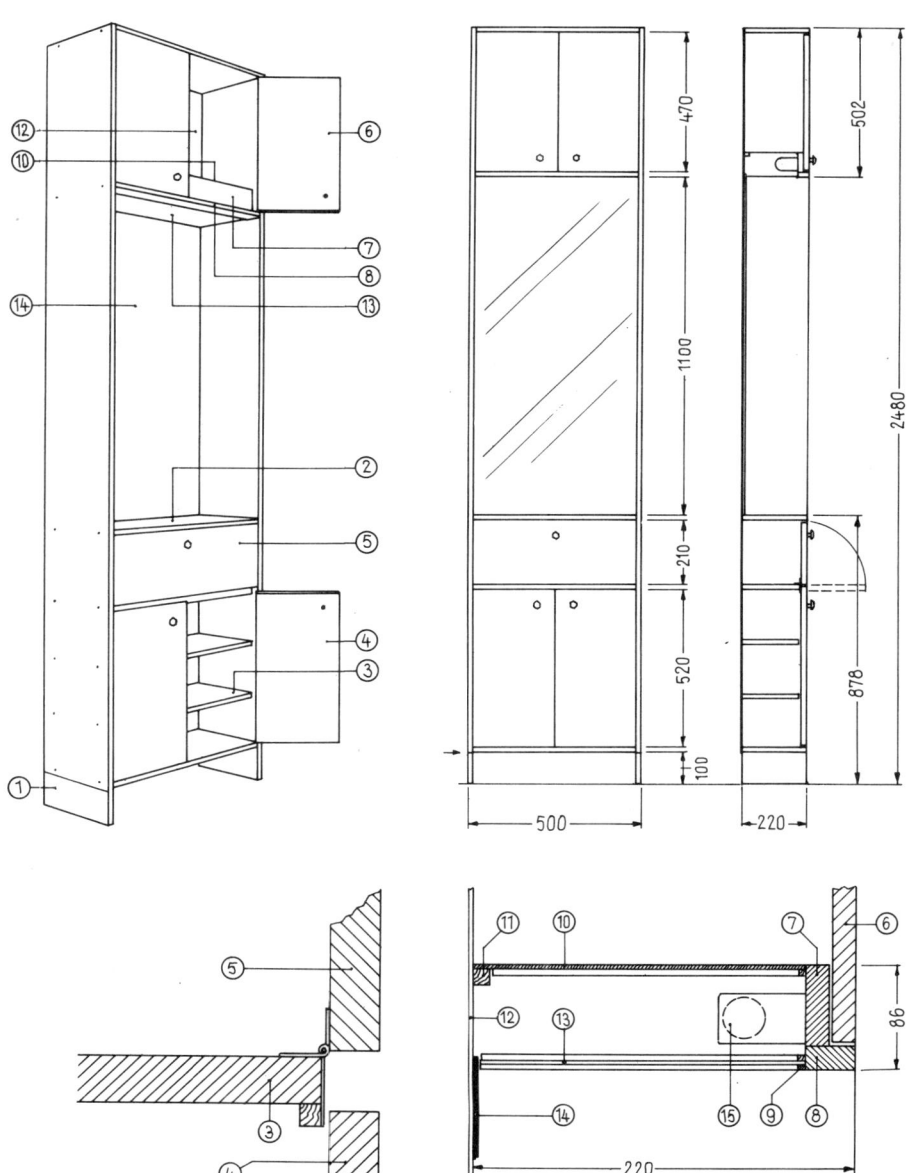

Voraussetzung ist hierbei natürlich eine exakte Vermessung der Nische und bei nennenswerten Abweichungen von Senk- und Waagerechten eine entsprechende Präparierung der Nische. Das geschieht einfach durch Anbringen seitlicher Korrekturleisten von etwa 5–10 × 40 mm Querschnitt, die, entsprechend bearbeitet, die 100prozentige Parallelität der Senkrechten gewährleistet. Diese Holzleisten werden vor dem Schrankeinbau durch Übertapezieren unsichtbar gemacht.

Der Zusammenbau beginnt mit dem Verschrauben der Seitenwände (1) und der äußeren Querbretter (2) auf dem flachen Boden. Selbstverständlich erst Vorbohren und Versenken. 3 × 40 mm Senkkopfschrauben vor dem Einschrauben über ein trockenes Stück Seife ziehen, erspart einen Muskelkater im Handgelenk. Für die weitere Montage sind folgende Teile vorzufertigen:

Die Türplatten (6 + 4) werden an ihren Kanten mittels Schleifklotz zunächst feingeschliffen. Dann sind die Kanten rundum mit 16 mm breitem Selbstklebeband zu beschichten. Vorher sorgfältig entstauben! Anschließend schrauben Sie die Klavierbänder und Türknöpfe an.

Klappe (5) wird bis auf das Anschrauben des Türknopfes in gleicher Weise bearbeitet. Das Querbrett (3) erhält vorn an der Unterkante eine 5 × 5 mm Leiste, die mit UHU hart angeleimt wird. Die Verblendung erfolgt nach sorgfältigem Feinschleifen mit einem 22 mm breiten Selbstklebeband, dessen Überstand mit einer Ziehklinge abgeschnitten wird (siehe Querschnittdarstellung). Nun werden Klappe (5) und Querbrett (3) flachliegend fest aneinander gepreßt und mit Holzleisten auf dem Arbeitstisch in dieser Lage fixiert. Dann können sie durch das Aufschrauben des Klavierbandes miteinander verbunden werden.

Die beiden restlichen Querbretter (3) für das untere Fach sowie das oberhalb der Klappe (5) einzubauende Querbrett (2) sind nur an den Vorderkanten mit Selbstklebeband zu beschichten.

Wie bei unserem Beispiel die indirekte Beleuchtung eingebaut wird, zeigt die Querschnittdarstellung. Zunächst werden die beiden Leisten (7 + 8) mit UHU hart zusammengeleimt und auf der Rückseite die beiden 5 × 5 mm Leisten als Auflage für die Abdeckplatte (10) und die Mattglasscheibe (13) angeklebt.

Die Abdeckplatte (10) aus 3 mm Hartfaser erhält hinten eine Verstärkungsleiste von 15 ×15 mm Querschnitt. An den Schmalseiten liegt sie auf ebenfalls 5 × 5 mm Leisten auf, die später genau im Winkel innen an den Seitenwänden angeleimt werden. Die Abdeckplatte (10) selbst wird nicht befestigt, sondern nur aufgelegt, damit die Leuchtröhre zugänglich bleibt. Von der Verwendung von Glühfadenbirnen oder -röhren ist dringend abzuraten, weil damit die Abfuhr der entstehenden Wärme zu einem kaum lösbaren Problem wird. Bei unserem Beispiel wurde eine sogenannte Möbelleuchte verwendet, die einfach mit zwei Rundkopfschrauben auf der Leiste (7) zu befestigen ist.

Sind alle Teile wie vorstehend beschrieben vorbereitet, kann der weitere Zusammenbau erfolgen. Dabei muß unbedingt darauf geachtet werden, daß der Schrankkörper genau in der Waage liegt, also nicht verkantet ist. An die Leuchtröhre wird ein entsprechend langes Kabel angeschlossen, das hinten durch die ganz zuletzt aufzunagelnde Rückwand (12) hindurchgeführt wird. Vor dem Befestigen der Rückwand nicht vergessen, die Mattglasscheibe einzuschieben.

Nun kann der fertige Schrank in die Nische eingeschoben und zum Unterschieben der Seitenwand-Sockelstücke (1) angehoben werden. Sofern nicht vorher schon eine Leitung in die Nische verlegt wurde, an die mittels einer Lüsterklemme das an der Schrankrückseite herunterhängende Kabel anzuschließen ist, sollte bei paßgenauem Einbau des Schrankes seitlich eine Rille in den Putz gekratzt werden, durch die das Kabel nach vorn heraus zur nächsten Steckdose verlegt werden kann.

Erst jetzt werden die äußeren Kanten des Schrankes mit Selbstklebeband beschichtet. Eventuell können damit gleichzeitig durch Verwendung eines breiteren Bandes die entstandenen Fugen zwischen Schrank und Wand überdeckt werden. Ganz zuletzt schieben Sie den Spiegel vorsichtig ein. Er braucht keine Befestigung, weil er oben durch die Mattglasscheibe gehalten wird.

Stückliste, Badezimmer-Einbauschrank

Nr.	Bauteil	Material	Ab-messungen in mm	Anzahl
1	Seitenwände und Sockelverlängerung	16-mm-Spanplatte, weiß beschichtet	220×2380 220×100	2 2
2	Querbretter	16-mm-Spanplatte, weiß beschichtet	220×468	3
3	Querbretter	16-mm-Spanplatte, weiß beschichtet	202×468	3
4	Untere Türen	16-mm-Spanplatte, weiß beschichtet	230×514	2
5	Mittlere Klappe	16-mm-Spanplatte, weiß beschichtet	205×463	1
6	Obere Türen	16-mm-Spanplatte, weiß beschichtet	230×480	2
7	Lampenhalteleiste	16-mm-Spanplatte, weiß beschichtet	70×468	1
8	Glashalteleiste	16-mm-Spanplatte, weiß beschichtet	34×468	1
9	Trageleisten	Weichholz, weiß gestrichen	5×5×50	7
10	Abdeckplatte	3-mm-Hartfaser	189×468	1
11	Verstärkungsleiste	Weichholz	15×15×468	1
12	Rückwand	3-mm-Hartfaser	500×2380	1
13	Mattglasscheibe	3-mm-Mattglas	182×466	1
14	Spiegelglasscheibe	3-mm-Maschinenglas	466×1110	1
15	Möbelleuchte			1
16	Selbstklebefolie für Rückwand, selbstklebendes Kantenband und 3×40-mm-Senkkopfschrauben			

66

Die Gartenlaube wird gebaut: Der 2. Seitenträger ist in Arbeit. (Seite 100)

Verbindung der Dachträger mit dem First-Kupplungsstück.

Die fertige Tischplatte mit den Abstützstreben und ein Bankteil.

Das fertige Dachgestänge; Eckplattung am Dachrahmen.

Seitenträger mit Tischplatte montiert; davor eine Sitzbankeinheit.

Und leicht zu transportieren ist sie auch, die Gartenlaube.

Ein idealer Arbeitsplatz
für die Hausfrau

Wen reizt es nicht, einen Schreib-, Lese- und Arbeitsplatz so auszubauen, daß eine in sich geschlossene, schrankwandähnliche Einheit entsteht? Modern, mit klarer Linienführung, in selbstgewählter Wunschfarbe und selbstverständlich mit Beleuchtung, Stromanschluß und Schalter. Hier zeigen wir eine Lösung, die mit relativ geringen Mitteln und wenig Arbeitsaufwand dem Zimmer ein völlig neues, modernes Gesicht gibt.

Die hier beschriebene Baueinheit wurde einschließlich Kleiderschrank aus 16 mm Spanplatten gebaut. Nur die Tischflächen bestehen aus 22 mm Spanplatten. Dadurch, daß beim Kleiderschrank die Innenflächen lackiert und außen lediglich die sichtbaren Flächen mit Selbstklebefolie beschichtet sind, kann diese Bauweise als wirtschaftlich empfohlen werden.

Die Zeichnung zeigt die Übersicht mit den Hauptmaßen. Bei diesem Beispiel galt es, eine genaue 4 m lange Wand auszunutzen. Dem Heimwerker, dessen Zimmergröße mehr oder weniger differiert, wird es nicht schwerfallen, die Maße in Zeichnungen und Stückliste entsprechend abzuändern. Wichtig ist nur das Bau- und Montageprinzip, das nachstehend beschrieben wird.

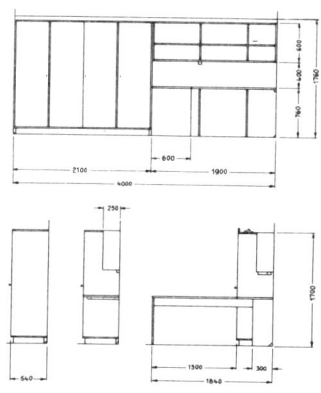

Wenn Sie nun den Schrank wie in unserem Beispiel links aufzustellen beabsichtigen, wird nur die rechte Schrankseite außen mit weißer Selbstklebefolie beklebt. Hierzu braucht man einen Streifen von 90 cm Breite und 1,65 m Länge. An den Längskanten soll der Überstand je 4 cm betragen. An den Schmalkanten genügen 16 mm entsprechend der Plattendicke.

Bauen Sie nun zunächst den Sockel aus den Rahmenteilen (4, 5) zusammen. Dazu brauchen Sie Kaltleim und 16 Stück 2,5 × 40-Senkkopfschrauben. Die versenkten Schraubenköpfe werden mit Flüssigholz verspachtelt.

69

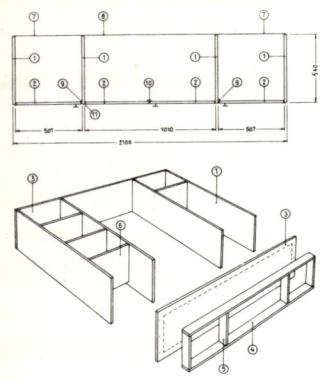

Seiten- und Vorderfläche des Sockelrahmens werden dann mit der gewählten farbigen Folie beschichtet (bis auf die Kanten umschlagen), anschließend erfolgt die Verschraubung des Rahmens mit der Bodenplatte (3). Abstand von den Außenkanten gleichmäßig je 30 mm.

Das Zusammenfügen von Decken- und Bodenplatte (3) mit den Seiten- und Innenwänden (1) geschieht zweckmäßig in der Mitte des Zimmers auf dem Fußboden, und zwar so, daß die vorderen Schrankkanten nach unten zu liegen kommen. Zuerst werden Deckplatte und rechte Seitenwand mit drei 3 × 50-Senkkopfschrauben verschraubt. Dann folgen nacheinander Innenwände und linke Seitenwand. Die angegebenen Maße müssen genau eingehalten werden, damit später die Schranktüren (2) mit dem einkalkulierten Spiel genau passen. Von den Zwischenbrettern in den äußeren Schrankfächern (6) werden nur die mit den Seitenwänden verschraubt, die etwa in der Mitte liegen. Bitte daran denken, daß der Schrank mit der Rückseite nach oben liegt.

Die wegen der noch einzubauenden Türen schmaleren Zwischenbretter (6) müssen also oben bündig abschließen. Nachdem auch die Bodenplatte (3) mit Seiten- und Innenwänden (1) verschraubt ist, können die Hartfaserplatten (7, 8) mit Blauköpfen angenagelt werden (alle 10—12 cm ein Nagel). Dadurch erhält der Schrankkörper die notwendige Stabilität.

Bei den Türen (2) wurde eine Not zur Tugend gemacht. Die farbigen Selbstklebefolien haben nämlich in der Regel nur 45 cm Breite. So entstanden auf den 50 cm breiten Türen die senkrechten weißen Streifen aus der Notwendigkeit, die zuerst aufgeklebten Farbfolien durch Anstückeln ergänzen zu müssen.

Dazu ist folgendes zu sagen: Auf den noch so gut geschliffenen Spanplatten-Schnittkanten klebt die Folie nur, wenn sie über die Kanten gezogen auf der Plattenrückseite mindestens 3 cm breit angeklebt ist. Da dies im vorliegenden Fall stören würde, wird ein Trick angewandt: Die Folie ist so zu beschneiden, daß der Überstand an den Kanten nur 3 mm beträgt. Dieser wird auf die Kanten umgeschlagen und von dem anschließend über die Türkanten zu klebenden Selbstklebeband überdeckt.

70

Die Komplettierung der Türen mit Klavierband, von hinten aufschraubbaren Schlössern oder statt dessen mit weißen Türknöpfen und Magnetschnäppern bedarf wohl keiner Erläuterung. Der Schrankkörper wird nun innen mit schnelltrocknendem farblosen Lack gestrichen, die Anschlagleisten (9) eingestiftet und schließlich die Türen angeschraubt. Ganz zum Schluß erfolgt das Aufkleben des weißen Selbstklebebandes auf die Vorderkanten des Schrankes.

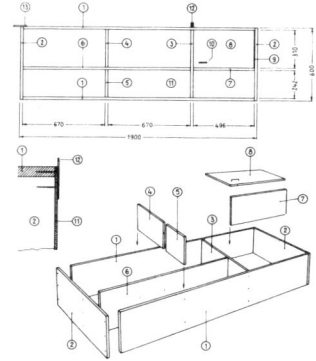

Im Prinzip wird das Regal genauso gebaut wie der Schrank. Ein wesentlicher Unterschied besteht allerdings darin, daß die Seitenwände (2) nicht wie beim Schrank zwischen Deck- und Bodenplatte (1) eingebaut werden, sondern umgekehrt Deck- und Bodenplatte zwischen den äußeren Seitenwänden. Das ist konstruktionstechnisch zweckmäßiger, da das Regal ja nicht steht, sondern aufgehängt werden muß.

Die Montagezeichnung zeigt die Verschraubung der Einzelteile. Dazu werden etwa 40 Stück 3 x 50-Senkkopfschrauben benötigt. Setzen Sie zunächst den äußeren Rahmen zusammen, wie es ähnlich schon beim Schrankbau beschrieben ist. Ziehen Sie nun in der Mitte des Zwischenbretts (6) einen Querstrich, der das Brett in zwei Hälften teilt. Auf diesem Strich von der Brettmitte ausgehend zwei 3-mm-Bohrungen im Abstand von 60 mm ausführen und mit 8-mm-Bohrer versenken. Durch das vordere Loch stecken Sie nun eine Schraube, die sie in die senkrecht und paßgenau angesetzte, entsprechend vorgebohrte Zwischenplatte (5) drehen. Nur so fest anziehen, daß die Zwischenplatte sich gerade noch wegdrehen läßt, damit von der Gegenseite eine Schraube zum Befestigen der Zwischenplatte (4) durchgesteckt und angezogen werden kann. Anschließend wird Teil 5 wieder zurückgedreht und das so entstandene Kreuz aus den Teilen 4, 5 und 6 in den Regalrahmen eingepaßt.

Die Zwischenplatte (7) verschraubt man an der rechten Seite mit der Regalseitenwand (2), an der linken Seite mit der Zwischenwand (3) mittels zweier Eisenwinkel. Nun kann von hinten die Rückwand (11) angenagelt werden.

Nach Anschrauben des Klavierbandes (9) und des Griffes (10) wird die Tür (8) rechts an der Seitenwand angeschraubt. Ein Magnetschnäpper fixiert sie in der richtigen Lage. Zum Aufhängen des Regals an einem Stahlhaken genügt eine Flachbandöse (12), die hinten an Deckplatte (1) und Zwischenwand (3) angeschraubt wird. An der linken Regalseite werden oben auf der Deckplatte (1) zwei handelsübliche Flacheisen angeschraubt, die auf der rechten Oberkante des Kleiderschrankes aufliegen.

Die unter dem Regal anzubringende Tischplatte (1) aus 22 mm Spanplatte hat entsprechend der Schranktiefe eine Breite von 540 mm. Man kann sie gleich beidseitig beschichtet kaufen. Als Auflage an der Schrank- und Wandseite werden Kanthölzer (3) verwendet. Zur Befestigung genügen an der Schrankseite drei Rundkopfschrauben 3 x 35. An der Wandseite muß gedübelt werden.

Da die Tischplatte mit dem nicht unerheblichen Gewicht der Nähmaschine belastet wird, sind die Stützplatten (2) notwendig. Sie sind rundum mit weißer Folie zu bekleben und erhalten unten einen Streifen Farbfolie, dessen Breite der Höhe des Kleiderschranksockels entspricht.

Wo es die räumlichen Verhältnisse zulassen, kann eine weitere Tischplatte (4) senkrecht zur Tischplatte (1) angebaut werden. Die Zeichnung zeigt, wie die beiden Tischplatten mittels zweier Flacheisen miteinander verschraubt werden. Die mit der Tischplatte (4) zu verschraubende Tischstütze (5) erhält ebenso wie die Stützplatten (2) unten einen rundum laufenden Farbfolienstreifen in der Höhe des Schranksockels. Die mit beiden Tischplatten zu verschraubende Stützleiste (6) dient der erforderlichen Stabilität. Alle sichtbaren Schraublöcher, die durch bereits beschichtete Platten gebohrt werden mußten, verschwinden durch Ausfüllen mit Flüssigholz und nachträglichem Aufkleben kleiner runder Folienpflaster.

Glanzstück der Anlage ist die Beleuchtungsbrücke. Die Lampenplatte (7) ist vorher genau auszumessen. Zum Aussägen der Lampenöffnungen nimmt man eine Laubsäge mit gedrilltem Sägeblatt. An der linken Schmalseite und der hinteren Längskante werden Auflageleisten (9) aufgeleimt und verschraubt. Die Montage der 40-W-Glühbirnen mit Zwergfassung zeigt die Querschnittzeich-

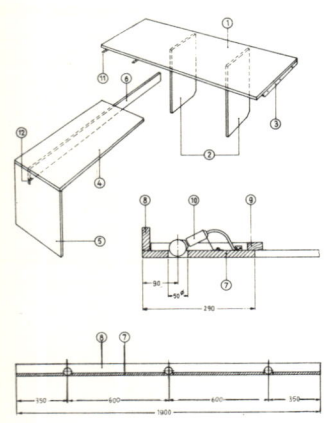

nung. Die Vorderkante der Lampenplatte (7) wird mit Selbstklebeband beklebt. Sie soll nach der Montage mit der Deckplatte des Kleiderschrankes genau fluchten. Die Lampen verschwinden hinter der mit Farbfolie zu beklebenden Blendleiste (8), die sich über die ganze Breite der Anlage zieht. Die unter Verwendung von Lüsterklemmen parallel zu schaltenden drei Lampen sollten über einen auf der darunter liegenden Tischplatte aufgeschraubten Aufputz-Schalter ein- und ausgeschaltet werden können.

Für den Anschluß von Nähmaschine und Bügeleisen schraubt man gleich daneben zwei Steckdosen auf. Über eine Sammelleitung, die versteckt unter der Tischplatte entlangführt, erfolgt der Anschluß an die nächstgelegene Steckdose.

Stückliste, Kleiderschrank

Nr.	Bauteil	Material	Abmessungen in mm	Anzahl
1	Seiten- und Zwischenwände	16 mm Spanplatte	540×1578	4
2	Türen	16 mm Spanplatte	500×1572	4
3	Boden- und Deckplatte	16 mm Spanplatte	540×2100	2
4	Sockel-Längsleisten	16 mm Spanplatte	90×2040	2
5	Sockel-Querleisten	16 mm Spanplatte	90×480	4
6	Zwischenbretter	16 mm Spanplatte	507×523	4
7	Außen-Rückwände	3 mm Hartfaserplatte	525×1610	2
8	Mittel-Rückwand	3 mm Hartfaserplatte	1026×1610	1
9	Anschlagleisten	Kantholz 10×10	1578	2
10	Leiste für linke Mitteltür	Kantholz 5×15	1572	1
11	Klavierbänder mit Schrauben	16 mm, verchromt	1572	4
12	Senkkopfschrauben und Blauköpfe	Eisen 2,5×40 und 3,0×50	Kleinpackungen	
13	Türgriffe und Magnetschnäpper			3
14	Selbstklebefolie Selbstklebeband	Kunststoff 45 cm breit Kunststoff 16 mm breit	nach Bedarf	

Stückliste, Anschluß Wandregal

Nr.	Bauteil	Material	Ab-messungen in mm	Anzahl
1	Deck- und Bodenplatte	16 mm Spanplatte	250×1868	2
2	Seitenwände	16 mm Spanplatte	250×600	2
3	Zwischenwand	16 mm Spanplatte	250×568	1
4	Obere Zwischenplatte	16 mm Spanplatte	250×310	1
5	Untere Zwischenplatte	16 mm Spanplatte	250×242	1
6	Linkes Zwischenbrett	16 mm Spanplatte	250×1356	1
7	Rechtes Zwischenbrett	16 mm Spanplatte	¨250×496	1
8	Tür	16 mm Spanplatte	304×490	1
9	Klavierband mit Schrauben	16 mm, verchromt	304	1
10	Türgriff	verchromt		1
11	Rückwand	Hartfaserplatte	595×1890	1
12	Aufhängeöse	Eisen	2×15×60	1
13	Flacheisen mit Schrauben	Eisen 2×20	100	2
14	Senkkopfschrauben und Blauköpfe	Eisen 3×50	Klein-packungen	
15	Selbstklebefolie	Kunststoff 45 cm breit	nach Bedarf	

Stückliste, Tischplatten und Beleuchtungsbrücke

Nr.	Bauteil	Material	Ab-messungen in mm	Anzahl
1	Tischplatte	22 mm Spanplatte	540×1900	1
2	Stützplatten	16 mm Spanplatte	300×740	2
3	Auflageleisten	Kantholz 20×20	500	2
4	Bügeltischplatte	22 mm Spanplatte	600×1300	1
5	Tischstütze	22 mm Spanplatte	600×740	1
6	Stützleiste	22 mm Spanplatte	100×1818	1
7	Lampenplatte	16 mm Spanplatte, weiß beschichtet	290×1900	1
8	Blendenleiste	Kantholz 20×60	2100 und 1900	1
9	Auflageleisten	Kantholz 20×40	270	4
10	Lampen mit Zwergfassungen	40 Watt		3
11	Selbstklebefolie Selbstklebeband oder Umleimer	Kunststoff 90 cm breit Kunststoff 20 mm breit	nach Bedarf nach Bedarf	
12	Senkkopfschrauben	Eisen 3,0×50	Kleinpackung	

Arbeitstisch für den Hausherrn in fünf Varianten

Die hier abgebildeten Schreibtischmodelle unterscheiden sich nur durch die verschiedenartigen Unterstützungen der Tischplatte, die bei allen Ausführungen gleich ist. Die nachstehende Bauanleitung enthält die Beschreibung eines kleinen und eines erweiterten Seitenteils, so daß danach jede der vorgeschlagenen Varianten gebaut werden kann. Als Baumaterial dienen mattweiße Schichtstoffplatten, deren Kanten lediglich mit Selbstklebeband zu beschichten sind. Einige Flächen von Tischplatte und Seitenteilen sind zusätzlich mit selbstklebender Palisanderfolie zu bekleben. Dadurch entsteht ein effektvoller Kontrast.

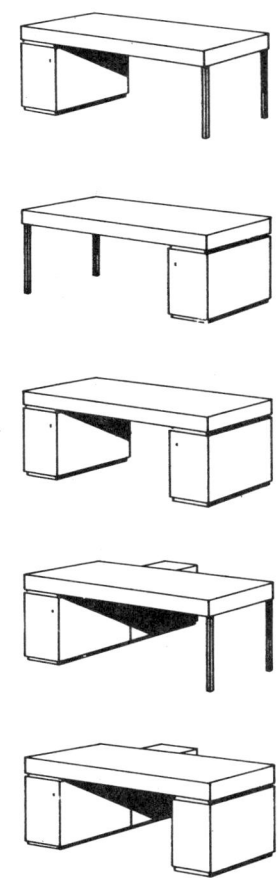

Der Zusammenbau des Schreibtisches ist denkbar einfach, doch sollte gerade deshalb mit Überlegung und Sorgfalt gearbeitet werden.

Das kleine Seitenteil besteht aus einem 326 mm breiten Körper, dessen Tiefe von 700 mm der Tischplattenbreite entspricht. Die Tür liegt vorn auf und kann wahlweise rechts oder links an der um 3 mm kürzeren Seitenwand mit Klavierband angeschraubt werden. Die Oberkante der Tür wird von der Deckplatte (1) überdeckt. Innen sind zwei Schubladen angebracht, deren seitliche Führungsleisten (14) in U-förmigen Kunststoffprofilen gleiten, die an den Seitenwänden (5) innen angeschraubt sind.

Sind alle Bauteile, Beschläge und übriges Material beschafft, werden zunächst sämtliche Holzteile für die spätere Montage vorbereitet. Es empfiehlt sich, zum Schutz der fertigen Einzelteile eine alte Decke auf dem Boden auszubreiten. Sie wird ohnehin für die Endmontage benötigt.

Dann müssen alle Teile auf Maßgenauigkeit überprüft und darauf mit Bleistift die Stücklistennummern vermerkt werden. Diese lassen sich später mit einem benzingetränkten Wattebausch spielend leicht entfernen.

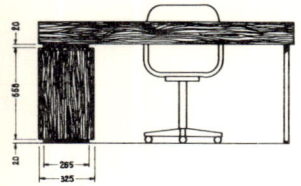

Das kleine Schreibtisch-Seitenteil

Zunächst sind die Kanten der Bodenplatte rundum mit selbstklebendem Band zu versehen. Zu diesem Zweck müssen die Kanten vorher mit dem Schleifklotz feingeschliffen und sorgfältig entstaubt werden.

Eine weitere wichtige Voraussetzung für gute Haftung des Selbstklebebandes ist es, daß die Plattenkante beim Abschleifen völlig eben bleibt und nicht etwa Wölbungen bekommt. Zuerst werden immer die Längskanten einer Platte beklebt, dann die Schmalseiten. Beim Ansetzen des mit etwas Zuschlag passend abgeschnittenen Selbstklebebandes ist Vorsicht geboten. Ein schief angelegter Streifen kann keinesfalls abgehoben und nochmals angeklebt werden, da er dann nicht mehr so gut haftet. Am besten legen Sie das Band zuerst auf eine Strecke von etwa 30 cm leicht schräg bündig mit der Oberkante an, dann ist es in seiner Richtung fixiert und kann endgültig angedrückt werden.

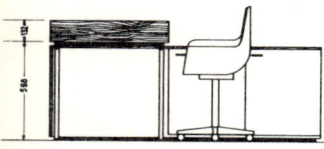

Sollte das Band etwas breiter als die Plattendicke sein, wird der Überstand nach Umdrehen der Platte mit einem Ziehmesser weggeschnitten. Dazu gehört übrigens etwas Fingerspitzengefühl. Allzu leicht kann eine zu steil gehaltene Klinge in die Plattenbeschichtung eindringen. Passiert das wirklich einmal, dann muß die Platte eben so eingebaut werden, daß der Schnitzer nicht im Sichtbereich liegt.

In gleicher Weise ist die obere Deckplatte (1) rundum mit Selbstklebeband zu beschichten. Zeichnen Sie anschließend in 30 mm Abstand parallel zu den Kanten auf Boden- und Deckplatte die Lage der Sockelleisten (7, 8) an, die nach genauer winkelgerechter Ablängung mit Kontaktkleber angeleimt werden. Die Außenseiten der Sockelleisten erhalten einen Umleimer aus Palisanderfolie.

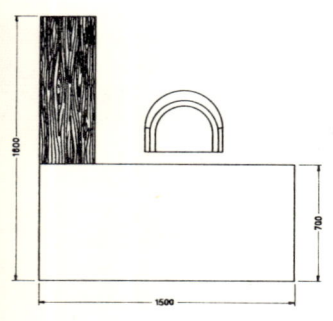

Die Rückwand (3) wird nur an den Längsseiten mit Folienband beklebt, die Seitenwand (5 a) nur an der vorderen Kante und die Tür (4) an der oberen und den beiden Seitenkanten. Nach passender Ablängung des Klavierbandes (Laubsäge mit Metallblatt) schrauben Sie

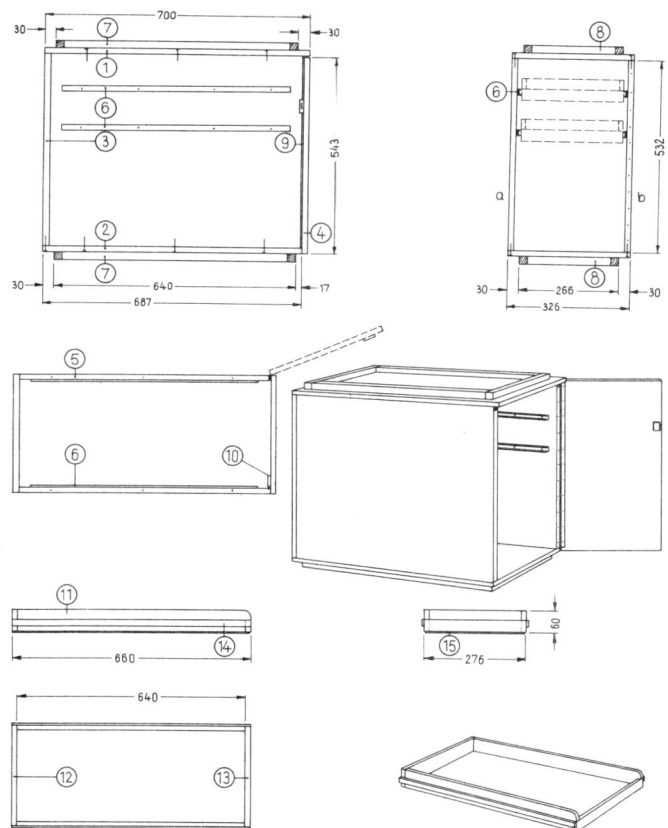

dieses so auf die Innenfläche der Tür, daß die Scharnierkante bündig mit der Türaußenkante verläuft.

Sind Sie noch etwas ungeübt, gehen Sie dabei am besten folgendermaßen vor: Klavierband anlegen, oberstes Loch mit spitzem Bleistift durchzeichnen, ankörnen, mit einem der Schraubendicke entsprechenden Nagel leicht anschlagen (damit die Senkkopfschraube einen ersten Halt findet), und nach dem Festschrauben alle weiteren Schraubenlöcher durch das Band hindurch körnen, nageln und nacheinander fest anschrauben. Nun die Lage des Schlosses auf der Türinnenseite genau vermessen und anzeichnen. Nach Ausbohren des Schlüssellochs kann das Schloß aufgeschraubt werden.

Achten Sie darauf, daß keine Schraube zu tief eingedreht wird, so vermeiden Sie Aufwölbungen oder gar Aufplatzen der Außenschicht.

Das kleine Seitenteil hat immerhin eine Tiefe von 700 mm, deshalb sind ausziehbare Schubladen vorgesehen. Ihre Führungsleisten (14) gleiten in U-förmigen Führungsschienen aus Kunststoff (6), die in gewünschter Höhe innen an den Seitenwänden (5a und 5b) angeschraubt werden. Für das Verschrauben der senkrecht zueinander stehenden Platten ist folgender Arbeitsablauf zweckmäßig:

Auf der Oberseite der Bodenplatte (2) an den Längsseiten je drei Körnungen für die Schrauben und zwei weitere Körnungen etwa 2 cm neben den beiden äußeren für Paßstifte vornehmen. Die rückwärtige Schmalseite der Bodenplatte erhält zwei Körnungen für die Schrauben und daneben ebenfalls je eine Körnung für zwei Paßstifte. Dann wird ein 2-mm-Bohrer eingespannt, der im Durchmesser dem Kern der vorgesehenen 3×40-Senkkopfschrauben entspricht. Damit sind die Schraubenlöcher von oben durch die Bodenplatte zu bohren, wodurch die später von unten durchzusteckenden Schrauben zuverlässig in Brettmitte zu liegen kommen. In die Paßstiftkörnungen werden 30 mm lange Drahtstifte so weit eingeschlagen, daß sie auf der Unterseite 2 mm herausstehen.

Nun ist das paßgenaue Zusammenfügen von zunächst Bodenplatte (2) und Rückwand (3) leicht. Die Drahtstifte werden nur einige Milimeter tiefer eingeschlagen und gewährleisten so für die weiteren Arbeitsgänge den genauen Sitz der Platten zueinander.

Die 2-mm-Schraubbohrungen in der Bodenplatte dienen nun als Führung für den 2-mm-Bohrer, mit dem die Schraubenlöcher auf $^2/_3$ Schraubenlänge vertieft werden. Anschließend sind die Bohrungen in der Bodenplatte auf 3 mm, den Schaftdurchmesser der Schrauben, zu erweitern und von Hand mit einer Versenkbohrung auf der Unterseite der Bodenplatte zu versehen.

Auf gleiche Weise werden nun die Seitenwände (5) mit der Bodenplatte verschraubt. Achten Sie bitte darauf, daß die Seitenwände 5a und 5b nicht verwechselt werden. Die um 3 mm kürzere Seitenwand 5b ist diejenige, an der die Tür angeschraubt werden soll.

Jetzt wird das Werkstück umgedreht und die Deckplatte (1) nach gleicher Vorbereitung in derselben Weise wie die Bodenplatte aufgeschraubt.

Nach dem sorgfältigen Anpassen und Anschrauben der Tür muß nur noch ein kleines Eisenwinkelchen als Sperre für den Schloßriegel an der Innenseite der Seitenwand 5a angeschraubt werden, dann ist das kleine Seitenteil des Schreibtisches bis auf die Schubladen fertig. Die Versenkbohrungen auf der Oberseite der Deckplatte werden verspachtelt und mit weißer Selbstklebefolie abgedeckt.

Zum Bau der Schubladen werden zunächst die Schubladenseiten (11) an den Enden abgerundet und die Aussparung für die vordere Querleiste (13) herausgesägt. Nach dem Abschleifen sämtlicher Kanten erfolgt unter Verwendung von Kontaktkleber der Zusammenbau laut Zeichnung.

Eine Verschraubung ist wegen der relativ geringen Belastung nicht erforderlich. Der Kantenumleimer (Selbstklebeband) ist an den Innenseiten anzulegen, so daß ein eventueller Überstand an den Außenseiten leicht mit der Ziehklinge wegzuschneiden ist. Den Abschluß bildet das Anleimen der Führungsleisten (14), die mit je drei Senkkopfschrauben zusätzlich gesichert werden.

Der Bau des großen Seitenteils

Das große Seitenteil hat links den gleichen Aufbau wie das kleine Seitenteil, nur mit dem einzigen Unterschied, daß die Tür an der Außenseite des Schreibtisches angeordnet ist.

Nach rechts verlängert sich der Körper um 90 cm. Im Mittelfach dieses Verlängerungsteils kann eine Schreibmaschinen-Versenkvorrichtung eingebaut werden, die am Schluß dieser Baubeschreibung näher erläutert wird.

Für die Vorbereitung der einzelnen Bauteile gilt sinngemäß das über den Bau des kleinen Teils bereits Gesagte. Auch hier werden die Bauteile in der Reihenfolge der späteren Montage vorbearbeitet. Bei der oberen Deckplatte (1) und der Bodenplatte (2) muß man sich allerdings zuvor über die Art der Führungsnuten klar werden. Es gibt mehrere Lösungen, unter denen Sie je nach gegebenen Möglichkeiten wählen können. In der Abbildung ist rechts eine der Lösungen aufgezeichnet. Hier wurde eine Kunststoff-Gardinenschiene mit 4 mm breiter Nut angeschraubt, nachdem die beiden Platten an ihren Vorderseiten auf 91 cm Länge eine Falzfräsung erhalten hatten. Vorn wurde die Schiene dann vom Umleimer überdeckt.

Wer ein feines U-Profil von 5 × 5 mm Außenabmessung in einem Fachgeschäft auftreiben kann, braucht nur je eine entsprechende Nut in die beiden Platten zu fräsen.

Eine dritte Lösung wäre die Verwendung eines handelsüblichen Gardinen-Hohlprofils mit quadratischem Querschnitt von 13 × 13 mm. An einer Seite befindet sich ein 3 mm breiter Schlitz. Die beiden Platten müßten in diesem Falle an der vorderen Kante auf 91 cm Länge 13 mm tief ausgespart werden.

Machen Sie nun als erstes die Bodenplatte (2) mit den Sockelteilen (12, 14), dem rundum zu verlegenden Umleimer und den erforderlichen 2-mm-Bohrungen montagefertig. Anschließend folgt die obere Deckplatte (1), bei der allerdings die Sockelleisten (13, 14) erst später nach der Endmontage von oben aufgeschraubt werden.

Die Zwischenwand (4) ist nur an der Vorderkante, die Rückwand (5) nur an der hinteren Kante mit Selbstklebeband zu beschichten. Bei der Seitenwand (6) werden lediglich die Kanten feingeschliffen (Wölbungen unbedingt vermeiden).

Die Bauteile 7, 9, 10 und 11 sind nur an ihren vorderen Sichtkanten mit Selbstklebeband zu versehen. Vor Beginn der Montage vermessen Sie noch auf den Seitenwänden (6) und (7) die genaue Lage der Kunststoff-Führungsschienen für die Schubladen (1) und schrauben sie gleich an. Der Abstand von der Oberkante und untereinander beträgt 85 mm.

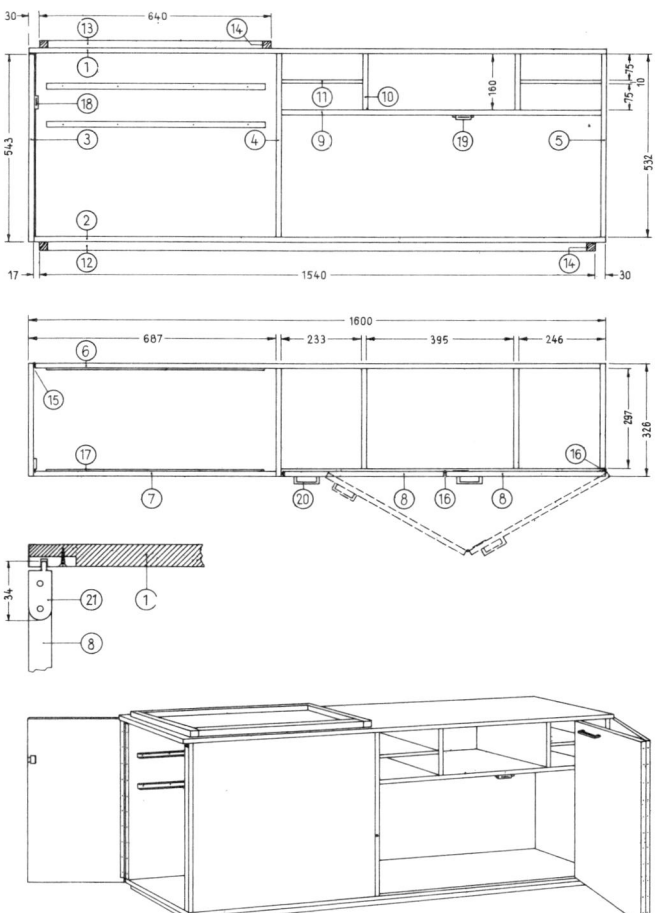

Für die Montage gilt ebenfalls das bereits für den Zusammenbau des kleinen Seitenteils Gesagte. Zunächst verschrauben Sie die Rückwand (5) mit der Bodenplatte (2). Gleich anschließend fixieren Sie mit drei Drahtstiften die hintere Seitenwand (6) und verschrauben auch sie mit der Bodenplatte. Seitenwand und Rückwand werden in halber Höhe mit einem durch die Rückwand geschlagenen Drahtstift in ihrer Lage zueinander festgehalten.

Danach passen Sie die Zwischenwand (4) ein, wozu Sie das Zwischenbrett (9) zur Markierung des genauen Abstandes unten und oben anlegen.

Nun kann auch die Seitenwand (7) mit der Bodenplatte (2) verschraubt werden. Eine Senkkopfschraube in halber Höhe durch die Zwischenwand (4) hält sie in der Senkrechten. Damit hat das große Seitenteil bereits eine gute Stabilität. Nun kann das Zwischenbrett (9) eingepaßt werden. Zur Lagemarkierung dienen die senkrechten Fachbretter (10). Diese müssen nämlich genau bündig mit der Oberkante der Seitenwand (6) abschließen.

An diesem Punkt der Montage ist nun zu entscheiden, ob man die nachstehend beschriebene Schreibmaschinen-Versenkvorrichtung vorsehen will, was das Vorhandensein einer Reiseschreibmaschine von maximal 32 cm Breite, 10 cm Höhe und 29 cm Tiefe voraussetzt. In diesem Falle sind die senkrechten Fachbretter (10) jetzt mit den Führungsleisten (3, 4) zu versehen (siehe Zeichnung und Stückliste dazu).

Andernfalls geht die Montage wie folgt weiter: Waagerechte Fachbretter (11) mit zwei Schrauben durch die senkrechten Fachbretter (10) befestigen und diese wiederum durch je zwei Schrauben mit dem Zwischenbrett (9) verbinden.

Je nach Art der Nut in Boden- und Deckplatte sind nun die Türführungsbeschläge (21) aus 2 mm dickem Flacheisenband anzufertigen. Achten Sie darauf, daß die an der Seitenkante der linken Tür angeschraubten Türführungsbeschläge bei geschlossener Tür nur ganz wenig Seitenspiel haben, so daß die Tür also bündig anliegt. Beide Türen werden nun an den Seiten- und Oberkanten mit Selbstklebeband beschichtet und nach Anbringen der Türgriffe (20) untereinander mit dem Klavierband (16) verbunden, dessen Scharnierachse dem Schrankinnern zugewandt ist. Nach Anschrauben des äußeren Klavierbandes kann die Doppeltür an der Rückwand (65) angeschraubt werden.

Nun wird die vorbereitete obere Deckplatte (1) aufgelegt und mit dem fertigen Unterteil verschraubt. Achten Sie bitte auf besonders saubere Versenkbohrungen. Abschließend ist noch der Magnetschnäpper (19) gemäß Zeichnung zu montieren, dann ist das große Seitenteil des Schreibtisches bis auf das am Schluß beschriebene »finish« fertig.

Einbau einer Schreibmaschinen-Versenkvorrichtung

Sie besteht im wesentlichen aus der Grundplatte (1) und einem zwischen Leisten (3, 4) geführten Schiebebrett (2), die miteinander durch Lagerwinkel (5) gelenkig verbunden sind (siehe Zeichnung S. 84).

Nach den in der Zeichnung und der zugehörigen Stückliste angegebenen Maßen werden die Führungsleisten (3, 4) vorbereitet und seitlich an die senkrechten Fachbretter (10) des großen Seitenteils angeschraubt. Die Gleitfähigkeit der Schiebeflächen erhöht man durch Feinschleifen und Einreiben mit einem Stück trockener Seife.

Probieren Sie jetzt, ob das Schiebebrett (2) auf den oberen Führungsleisten (3) zwischen den beiden senkrechten Fachbrettern glatt läuft. Die Oberseite des Schiebebretts soll genau 1 mm unter Oberkante der senkrechten Fachbretter liegen. Nun werden beim Schiebebrett die Aussparungen nach Zeichnung ausgesägt und die Kanten glatt geschliffen. Dort, wo die als Drehachsen fungierenden Rundkopfschrauben (6) eingeschraubt werden, soll zur Sicherheit gegen Ausbrechen je ein Hartholzplättchen von 5 x 13 x 36 mm aufgeleimt werden. Nach dem Trocknen kann vorsichtig in Brettmitte mit 13 mm Abstand von der Schiebebrett-Vorderkante vorgebohrt und probeweise eingeschraubt werden. Grundbrett und Schiebebrett sind rundum mit Selbstklebeband zu beschichten.

Zur Herstellung der Lagerwinkel (5) ist 2 mm dickes Flacheisen von 15 mm Breite erforderlich. Sehr wichtig für das Funktionieren des Mechanismus ist die Einhaltung des Maßes von 20,5 mm zwischen Winkeloberkante und dem Mittelpunkt der Bohrung im Winkelschenkel. Der oberste Punkt der Schenkelabrundung darf vom Boh-

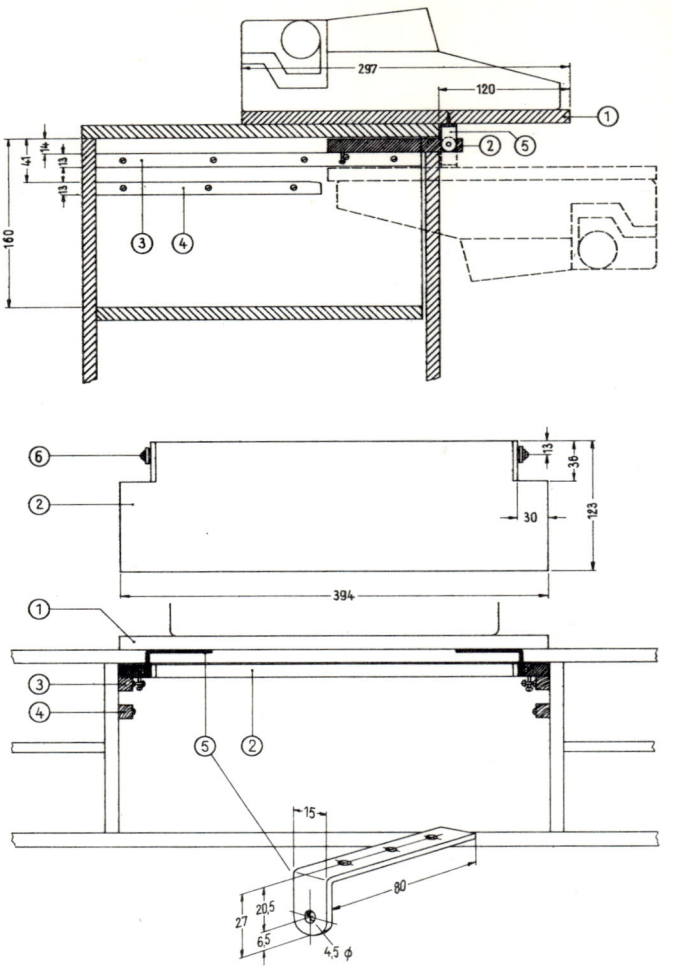

rungsmittelpunkt gemessen nicht höher als 6,5 mm liegen, damit die Schenkel beim Einschieben der Maschine nicht an der Unterseite der oberen Deckplatte schleifen.

Nach genauer Vermessung werden die Lagerwinkel auf die Unterseite der Grundplatte (1) geschraubt. Bei der Abstandsfestlegung soll etwas Spiel eingehalten und die

Dicke zweier Beilagscheiben für die Rundkopfschrauben (6) berücksichtigt werden.

Nun können Grundplatte (1) und Schiebebrett (2) mittels der Rundkopfschrauben (6) verbunden werden. Erst nach einwandfrei glattem Lauf ist die Lage der Arretierungsschrauben festzulegen, die das völlige Herausziehen des Schiebebretts verhindern. Beachten Sie hierbei, daß die Deckplatte (1) die senkrechten Fachbretter (10) um 16 mm überragt. Am besten die Deckplatte erst provisorisch auflegen, die Schreibmaschinen-Grundplatte (1) darauf klappen und dann die Lage der Arretierungsschrauben fixieren.

Die Schreibmaschine wird mit vier Rundkopfschrauben auf der Grundplatte angeschraubt. Man kann ersatzweise dazu auch entsprechend lange Gewindeschrauben mit Mutter verwenden. Anschließend erfolgt die Verschraubung der Deckplatte (1) mit dem bereits fertig montierten Körper des großen Seitenteils. Um die wegen des Maschinengewichts erforderliche Biegefestigkeit der Deckplatte zu erhöhen, müssen die senkrechten Fachbretter (10) ebenfalls mit je einer 3 x 40-Senkkopfschraube durch die obere Deckplatte hindurch verschraubt werden.

Nun noch die Schubladen herstellen, deren Bau bereits beim kleinen Seitenteil beschrieben wurde, dann kann das große Seitenteil seinen letzten Schliff erhalten. Dazu beschichten Sie Oberfläche und Kanten von Deckplatte (1) und vorderer Tür (3) mit selbstklebender Palisanderfolie. Dadurch werden bei der Deckplatte die vorher verspachtelten Schraubenversenkungen überdeckt. Werden noch die Sockelleisten (13, 14) auf die obere Deckplatte geschraubt, ist das große Schreibtisch-Seitenteil fertig.

Der Bau der Tischplatte

Sie besteht aus zwei gleich großen Platten und fünf Zwischenbrettern sowie zwei Schubladen. Die Maßgenauigkeit der einzelnen Teile ist hier besonders wichtig. Prüfen Sie deshalb vor allem die Bauteile (2) und (3) durch Auflegen nach.

Als erstes werden die Tischplatten rundum mit Selbst-klebeband beschichtet. Dann wird auf der Unterseite, der als Schreibtisch-Oberfläche vorgesehenen Platte, die Lage der Zwischenbretter (2, 3) angezeichnet. Der Abstand der Querbretter (3) beträgt Bodenplattenbreite (8) plus 2 mm. Zuerst das lange Zwischenbrett (2) aufleimen, dann folgen nacheinander die Querbretter (3).

Bevor Sie die zweite Tischplatte mit dem liegenden Teil verschrauben, müssen die beiden verchromten Tisch-füße (25 x 25 x 598) angeschraubt werden. Dazu legen Sie die Flanschen so auf, daß sie von den Tischplatten-Außenkanten je 5 mm Abstand haben. Bohrlöcher durchzeichnen, ankörnen und mit 5,5 mm ϕ bohren. Befestigt wird mit M-5-Gewindeschrauben mit Senkkopf, Mutter und Federring. Tischfüße anschrauben und über die Muttern hinausstehende Schraubenenden mit der Laubsäge wegschneiden.

Jetzt die Platte mit den zuvor angeschraubten Tischfüßen auf das liegende Teil auflegen und mit Paßstiften in der richtigen Lage fixieren. Dann körnen, vorbohren, versenken und anschrauben.

Die Paßleisten (4) sind besonders sorgfältig zu vermessen und zu bearbeiten. Die außen liegenden Kanten müssen leicht abgeschrägt werden, damit sie beim Auflegen der Tischplatte auf das Seitenteil leicht in den aus den Sockelleisten des Seitenteils gebildeten Rahmen gleiten. Die Paßleisten (4) werden aufgeleimt und mit je zwei Senkkopfschrauben zusätzlich gesichert.

Den Abschluß des Schreibtischbaues bildet neben der problemlosen Herstellung der Schubladen die Bearbeitung der Tischplatten-Außenkanten. Hier tritt der Schleif-klotz in Aktion, um auch die kleinsten Unebenheiten zu beseitigen. Nach sorgfältiger Entstaubung werden die vorderen und die seitlichen Kanten der Tischplatte mit einem durchgehenden Streifen selbstklebender Palisanderfolie beschichtet und der Folienüberstand mit der Ziehklinge weggeschnitten.

Übrigens: Auch wenn Sie sich bisher für einen weniger geübten Heimwerker hielten, die einfache Konstruktion dieses Schreibtisches, der in jeder geschmackvoll eingerichteten Wohnung bestehen kann, wird Sie gewiß zum Selbstbau weiterer Möbel nach eigenem Geschmack ermutigen.

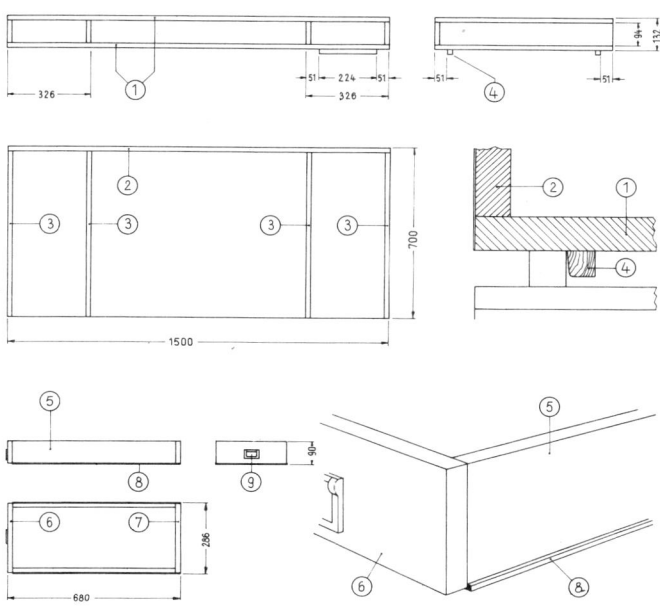

Stückliste, Tischplatte

Nr.	Bauteil	Material	Ab-messungen in mm	Anzahl
1	Tischplatten	Schichtstoffplatte, weiß matt, 19 mm dick	700×1500	2
2	Langes Zwischenbrett	SP, weiß matt, 19 mm dick	94×1500	1
3	Querbretter	SP, weiß matt, 19 mm dick	94×681	4
4	Paßleisten	Weichholz	15×15×226	2
5	Schubladenseiten	Schichtstoffplatte, weiß matt, 19 mm dick	85×642	4
6	Schubladen-Frontseite	SP, weiß matt, 19 mm dick	90×284	2
7	Schubladen-Rückseite	SP, weiß matt, 19 mm dick	85×284	2
8	Schubladenboden	Hartfaserplatte, weiß beschichtet, 5 mm dick	286×661	2
9	Beschlag mit versenktem Griff	verchromt	40×70	2

Stückliste, Schreibmaschinen-Versenkvorrichtung

Nr.	Bauteil	Material	Abmessungen in mm	Anzahl
1	Grundplatte	Schichtstoffplatte, weiß matt, 13 mm dick	297×394	1
2	Schiebebrett	SP, weiß matt, 13 mm dick	123×394	1
3	Obere Führungsleisten	Weichholz	13×13×297	2
4	Untere Führungsleisten	Weichholz	13×13×206	2
5	Lagerwinkel	Eisen, 2 mm dick	15×27×80	2
6	Rundkopfschraube mit 2 Unterlegscheiben	Eisen	4×50	2

Stückliste, kleines Seitenteil

Nr.	Bauteil	Material	Abmessungen in mm	Anzahl
1	Obere Deckplatte	Schichtstoffplatte, weiß matt, 13 mm dick	326×700	1
2	Bodenplatte	SP, weiß matt, 13 mm dick	326×687	1
3	Rückwand	SP, weiß matt, 13 mm dick	326×532	1
4	Tür	SP, weiß matt, 13 mm dick	326×543	1
5	Seitenwand a Seitenwand b	SP, weiß matt, 13 mm dick SP, weiß matt, 13 mm dick	532×674 532×671	1 1
6	Führungsschienen	Kunststoff, weiß	10×20×640	4
7	Sockelleisten	Weichholz	20×20×600	4
8	Sockelleisten	Weichholz	20×20×266	4
9	Klavierband	Messing oder verchromt	13 breit ×532 (1 cm länger kaufen)	1
10	Schloß mit Schlüsselblende	Eisen	10×24×58	1
11	Schubladenseiten	Schichtstoffplatte, weiß matt, 10 mm dick	60×660	4
12	Schubladen hinten	SP, weiß matt, 10 mm dick	60×276	2
13	Schubladen vorn	SP, weiß matt, 10 mm dick	30×276	2
14	Führungsleisten	Weichholz	10×15×660	4
15	Schubladenböden	Hartfaserplatte, weiß beschichtet, 5 mm dick	272×657	2
16	Umleimer	Selbstklebeband weiß glänzend	20 mm breit ca. 17 m	
17	Senkkopfschrauben	Eisen	2,4×13 } Kleinpackung 2,4×25 3,0×40	
18	Kontaktkleber mit Pinsel			

Stückliste, großes Seitenteil

Nr.	Bauteil	Material	Abmessungen in mm	Anzahl
1	Obere Deckplatte	Schichtstoffplatte weiß matt, 13 mm dick	1600×326	1
2	Bodenplatte	SP, weiß matt, 13 mm dick	1587×326	1
3	Tür vorn	SP, weiß matt, 13 mm dick	543×326	1
4	Zwischenwand	SP, weiß matt, 13 mm dick	532×313	1
5	Rückwand	SP, weiß matt, 13 mm dick	532×310	1
6	Hintere Seitenwand	SP, weiß matt, 13 mm dick	1571×532	1
7	Vordere Seitenwand	SP, weiß matt, 13 mm dick	674×532	1
8	Schiebe- und Klapptür	SP, weiß matt, 13 mm dick	447×527	2
9	Zwischenbrett	SP, weiß matt, 13 mm dick	887×297	1
10	Senkrechtes Fachbrett	SP, weiß matt, 13 mm dick	160×297	2
11	Waagerechtes Fachbrett	SP, weiß matt, 10 mm dick	233×297	2
12	Sockelleisten	Weichholz	20×20×1500	2
13	Sockelleisten	Weichholz	20×20×600	2
14	Sockelleisten	Weichholz	20×20×266	4
15	Klavierband	Messing oder verchromt	13 breit ×532 (1 cm länger kaufen)	1
16	Klavierband	Messing oder verchromt	13 breit ×527 (1 cm länger kaufen)	2
17	Führungsschienen	Kunststoff, weiß	10×20×640	4
18	Schloß mit Schlüsselblende	Eisen	10×24×58	1
19	Magnetschnäpper			1
20	Türgriffe	verchromt	20×46	2
21	Türführungsbeschlag	Eisen, 2 mm dick	13×34	2
22	Umleimer	Selbstklebeband, weiß glänzend	20 mm breit, ca. 30 m	

Moderne Schrankwand nach Maß

Voraussetzung für den Selbstbau einer Schrankwand nach Maß ist zunächst einmal ein nach Geschmack und Raumverhältnissen angelegter Entwurf. Anzahl und Abmessungen aller benötigten Bauteile werden dann einer außerdem erforderlichen Bauskizze entnommen.

Nach diesen technischen Ermittlungen läßt man sich die einzelnen Teile am besten im Bastlerbedarfsgeschäft fertig zuschneiden. Die Sichtkanten werden mit selbstklebendem Folienband beschichtet, der Rest ist reine Montagearbeit. Dazu werden nicht einmal Spezialbeschläge, sondern lediglich Senkkopfschrauben und übliche Eisenwinkel gebraucht, die so anzubringen sind, daß sie nicht ins Auge fallen.

Vor dem Anfertigen einer Maßzeichnung sollten Sie auf einigen »Ungefährskizzen« konzipieren, wie die Schrankwand Ihrer Wahl aussehen soll. Die Abbildung zeigt das hier als Beispiel beschriebene Modell mit zwei davon abgeleiteten Varianten.

Unser Musterbeispiel besteht aus zwei festen Schrankkörpern, zwischen denen ein Mittelteil eingebaut wurde. Das Fenster in der Mitte ist mit einer Jalousie verblendet. Das Ganze ist unten mit einem Sockel und oben mit einer aufgesetzten Blende verbunden.

Bei der zweiten Version sind wiederum die gleichen Schrankkörper vorgesehen, das dazwischen montierte doppelte Mittelteil bietet weiteren Platz für Bücher und andere hübsche Dekorationsobjekte. Ein außen angesetztes Schrankteil bildet rechts den formalen Abschluß. Bei dieser Ausführung bietet sich der Einbau einer Stereo-Anlage an.

Die dritte Variante schließlich zeigt wieder die beiden äußeren Schrankkörper mit einem abgewandelten Mittelteil, das in Höhe des Fernsehers Schubladen enthält. Auch hierbei verbinden Sockel und aufgesetzte Blende die Schrankwandteile zu einem Ganzen.

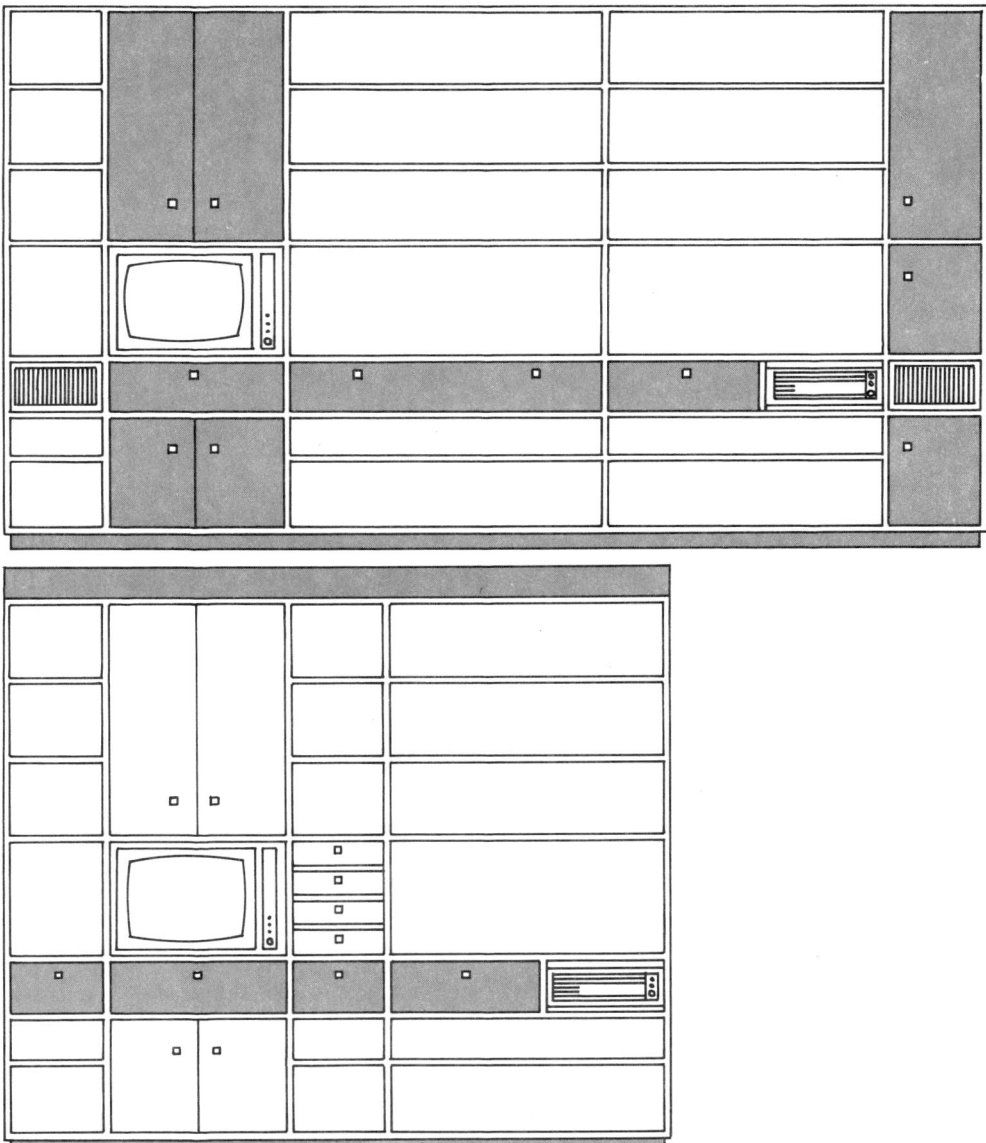

Wer nun entsprechend den ermittelten Maßen seine ganz individuell gestaltete Schrankwand verwirklichen will, sollte folgendes beachten: Eine Dreiteilung der zur Verfügung stehenden Wandfläche ist deshalb für den Selbstbau ideal, weil sie den getrennten Bau zweier fester Schrankwandteile mit 5 mm Hartfaserplatte als Rückwand ermöglicht, zwischen denen obere Blende, Querbretter und Sockel des Mittelteils leicht einmontiert werden können. Allerdings sollte die Breite eines Schrankteils keinesfalls 1,20 m überschreiten, damit ein Durchbiegen der Querbretter bei der durch Bücher nicht unerheblichen Belastung vermieden wird.

Muß die Schrankwand länger als 3 x 1,20 = 3,60 m werden, empfiehlt sich eine Aufteilung gemäß Variante 2 oder aber auch eine Teilung in vier gleiche Teile. Die äußeren als feste Schränke mit Rückwand, und die inneren als zwischenmontierte Teile.

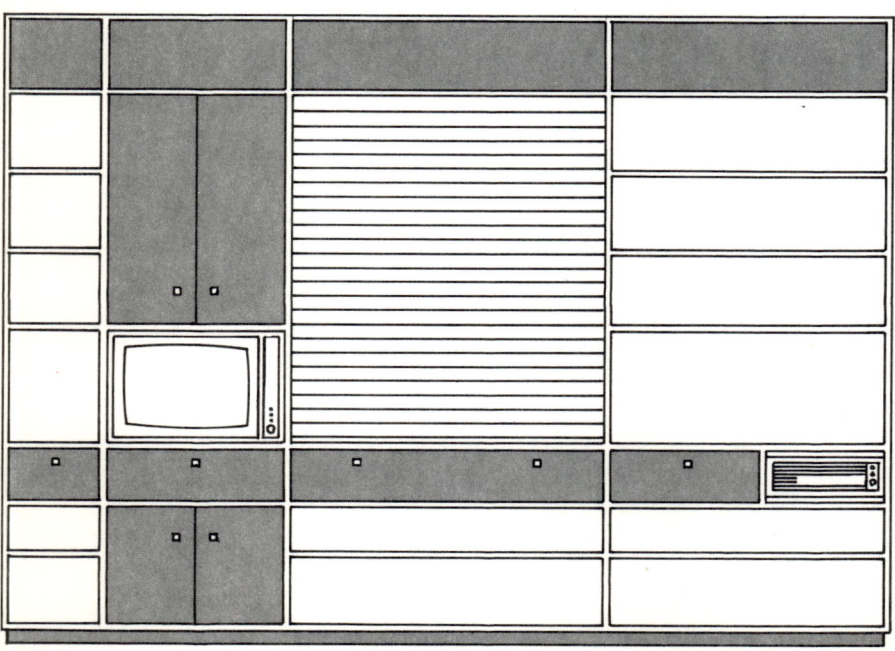

Wer einen Fernseher oder ein Rundfunkgerät in eines der festen Schrankwandteile einbauen will, muß unbedingt auf eine gute Wärmeabfuhr achten. Es ist keinesfalls ausreichend, einen etwa 10 mm breiten Luftspalt rund um das Gerät herum einzuplanen. Vielmehr sollte zusätzlich ein breiter durchgehender Schlitz hinten in der Fachseitenwand vorgesehen werden. Außerdem empfiehlt es sich, die Rückwand des Schrankteiles in voller Größe des Fernseh- oder Rundfunkgerätes auszusparen. Wenn dann die Schrankwand so aufgestellt wird, daß sie von der Zimmerwand einige Zentimeter Abstand hat, ist die Heranführung kühler Luft und die Abfuhr der Warmluft gewährleistet.

Beim Ausmessen der Wandfläche ist große Sorgfalt notwendig. Es ist nicht weiter schlimm, wenn nur Boden und Decke nicht ganz parallel verlaufen. Der Ausgleich kann durch Unterkeilen des Sockels und entsprechende Anpassung der oberen aufgesetzten Blende erfolgen. Weichen dagegen die Wände von der Senkrechten ab, kann dies leicht zu Fehlmessungen führen. Prüfen Sie deshalb vor allem die Ihre Schrankwand rechts und links begrenzenden Wände mit einem Lot nach. Die ermittelten Hauptmaße sind der Ausgangspunkt für die Bauskizze.

Zeichnen Sie die Bauskizze im Maßstab 1:10, wobei also 1 cm auf der Zeichnung 10 cm in Wirklichkeit entsprechen.

Bei dem hier beschriebenen Schrankwandmodell mit seiner Gesamthöhe von 2679 mm und der Gesamtbreite von 3650 mm genügten zwei an den Längsseiten zusammengeklebte Briefpapierbogen DIN A 4, um die gesamte Zeichnung darauf unterzubringen.

Nach Abzug von 10 mm von der Wandhöhe und 20 mm von der Wandbreite als Sicherheitstoleranz können Sie zunächst die äußeren Begrenzungskanten der Schrankwand aufzeichnen. Dann zeichnen Sie den 61 mm hohen Sockel und darüber die 19 mm dicken Bodenplatten der Schrankwand ein. Die Sockel-Frontleiste ist links und rechts wegen der Fußbodenleisten um 30 mm (auf dem Papier also 3 mm) kürzer. Die weitere Aufteilung nach den gegebenen Maßen ist kein großes Problem mehr.

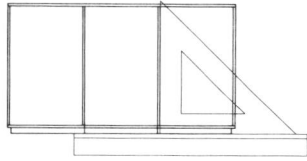

Beim Einbau eines Fernsehers sind natürlich dessen Maße zu berücksichtigen, vor allem das Tiefenmaß, da es zugleich die Tiefe der Schrankwand bestimmt. Erst wenn die gesamte Frontzeichnung der Schrankwand fertig ist, beginnen Sie mit dem Eintragen der Maße. Das geht nicht ganz ohne etwas Rechnerei ab.

Beispiel: Ermittlung der Türplattenmaße. Fachgröße über dem Fernseher 986 mm hoch, 680 mm breit, oben und unten je 2 mm Spiel, also Türplattenhöhe 986 − 4 = 982 mm. Gesamtfachbreite = 680 mm. Davon abziehen zweimal Dicke der Klavierbänder (2 x 3 = 6 mm) und die Breite des Mittelschlitzes von 2 mm, zusammen 8 mm, also 680 − 8 = 672 mm. Die Hälfte davon (= 336 mm) ist die gesuchte Breite einer Türplatte.

Numerieren Sie nun noch die Bauteile nach der Reihenfolge des Zusammenbaus, dann kann die Stückliste erstellt werden. Sie dient zum Einkauf der einzelnen Teile wie auch zur Kontrolle bei der nachstehend geschilderten Montage.

Die Schrankwandelemente werden auf einem ebenen Fußboden zusammengefügt. Die perspektivische Zeichnung zeigt den linken Teil (L) mit den Teilen, die fest zu verschrauben sind. Zum Verschrauben beispielsweise eines Querbrettes (2) mit einer Seitenwand (1) genügen drei 5 x 60-Senkkopfschrauben. Bohrlöcher exakt ausmessen, mit dem Winkel ausrichten und ankörnen. Zunächst wird der äußere Rahmen zusammengeschraubt, dann kann mit dem Einsetzen und Verschrauben der Querbretter begonnen werden. Bei der Konstruktion ist im vorhinein zu berücksichtigen, daß die senkrechten Seitenwände nur an den Stellen durchbohrt werden, wo es − zum Beispiel in der Mitte − aus Stabilitätsgründen notwendig ist und wo gleichzeitig die Schraubenköpfe später durch angesetzte Bretter verdeckt werden.

Bei allen anderen zu verschraubenden Brettern benutzen Sie zur Befestigung 30 x 30 mm Eisenwinkel, und dies möglichst in der Weise, daß sie nicht im Sichtfeld liegen. Für die übrigen Querbretter, die nicht unbedingt zur Stabilität des Schrankwandteiles beitragen müssen, verwenden Sie Bretthalter nach Wahl. Die Abbildung zeigt auch, wie die Sockelleisten anzubringen sind. Hier ist

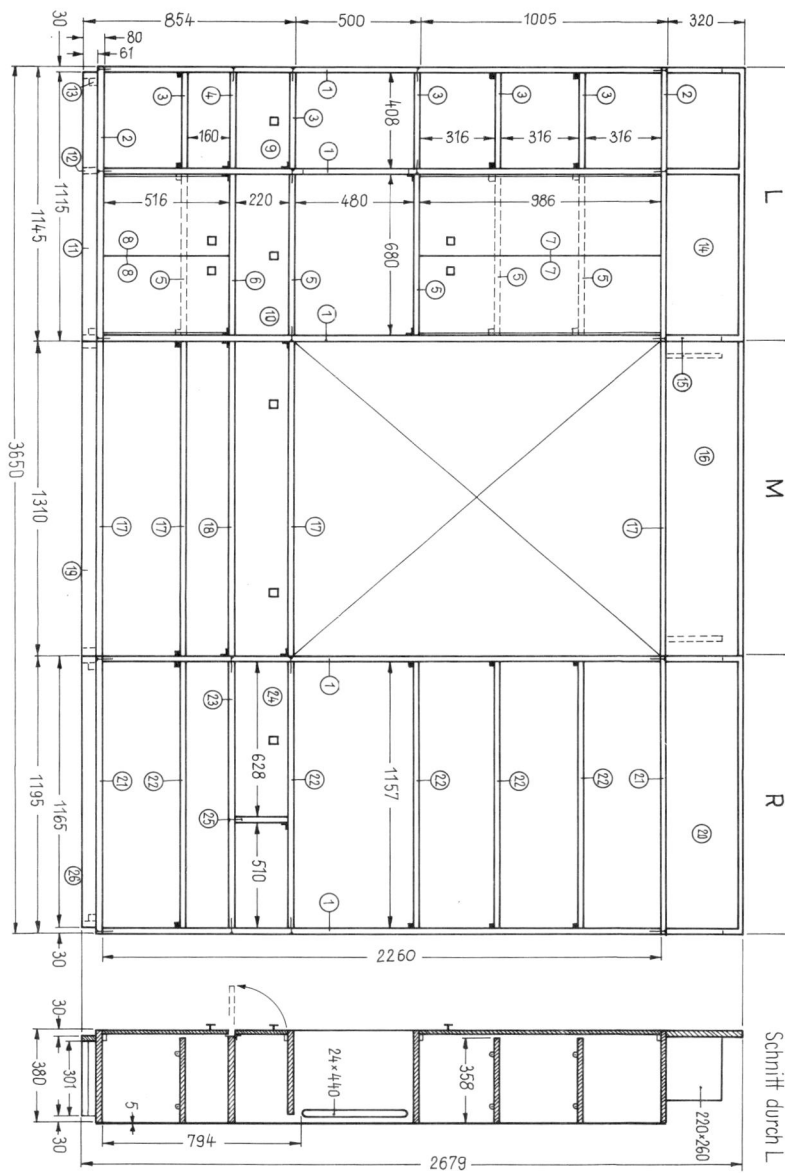

Schnitt durch L

95

keine Verschraubung vorgesehen. Anleimen genügt und enthebt auch der Notwendigkeit, Versenkbohrungen zum Verschwinden bringen zu müssen. Allerdings empfiehlt es sich, die Schichtstoff-Oberfläche an den Stoßflächen vor dem Verleimen mit rauhem Sandpapier aufzurauhen.

Über die Beschichtung der Brettkanten mit selbstklebendem Folienband ist in den vorhergehenden Kapiteln schon mehrfach gesprochen worden.

Nachdem das Schrankelement fertig zusammengebaut ist, wird es über eine Längskante aufgerichtet. Bevor Sie es jedoch ganz umdrehen, damit die Rückseite nach oben zu liegen kommt, muß zum Schutz der Vorderkante beim Kippen eine Decke untergelegt werden.

Als Rückwand finden entweder fertig beschichtete Hartfaserplatten Verwendung, die allerdings wegen der einseitigen Beschichtung zum Verziehen neigen, oder einfache, 5 mm dicke Hartfaserplatten, die Sie selbst mit Selbstklebefolie beschichten. Dabei sollten Sie darauf achten, daß notwendige Überlappungen der Folie dorthin verlegt werden, wo sie später von Querbrettern überdeckt werden.

Die Größe der Rückwand ist so zu wählen, daß sie oben und unten mit den Querbrettern bündig abschließt, ebenso an der Schrankwandseite, die an eine Zimmerwand grenzt. An der anderen Schrankwandseite dagegen, an die sich das Schrankwand-Mittelteil anschließt, muß die Rückwand um 10 mm zurückstehen. Darüber wird ein 50 mm breiter Sperrholz- oder Hartfaserplattenstreifen genagelt. Auf diese Weise ergibt sich eine Nut zur Aufnahme der Rückwand des Mittelteils.

Beim Aufstellen werden Sie bemerken, daß die Schrankwandelemente ein recht ordentliches Gewicht haben. Deshalb ist Sorgfalt und Umsicht geboten. Bringen Sie zweckmäßig zuerst das linke Schrankwandelement in Stellung. So gewinnen Sie Platz für die Montage des rechten festen Schrankwandteiles.

Nachdem auch dieses aufgestellt ist, kann mit dem Einbau des Mittelteils begonnen werden. Zuerst wird die Rückwand vorsichtig in die Nuten der festen Schrankwandteile eingefügt. Damit sie sich nicht nach hinten aus

96

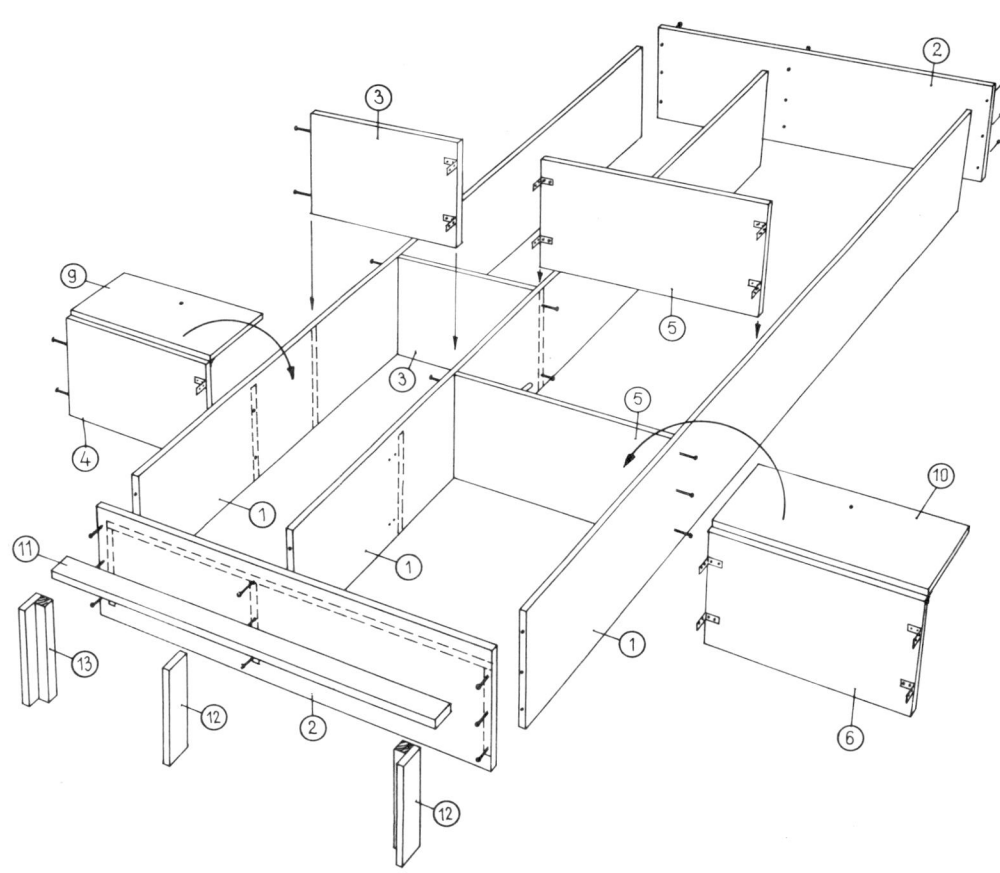

beulen kann, sind an der Zimmerwand vorher entsprechende Abstandsleisten anzunageln. Anschließend
können die Querbretter montiert werden. Das obere
Querbrett wird mit den oberen Querbrettern der festen
Schrankwandteile mit Hilfe von Flacheisen verschraubt.
Ganz zum Schluß setzen Sie die Verblendungen auf, die
keiner besonderen Befestigung bedürfen.

Nach diesem Schema, das im Grunde alle Kriterien einer
Schrankwand beinhaltet, können Sie ohne weiteres auch

Ihre Schrankwand nach Maß bauen. Sie steht den käuflichen in keiner Weise nach, und einen Vorteil hat sie neben der Befriedigung am Selbstgeschaffenen — sie ist um vieles billiger.

Stückliste

Nr.	Bauteil	Material	Abmessungen in mm	Anzahl
1	Seitenbretter	19-mm-Kunststoff	2260×380	5
2	Querbretter L o+u	19-mm-Kunststoff	1145×380	2
3	Querbretter L links	19-mm-Kunststoff	408×380	5
4	Querbrett L unter Klappe	19-mm-Kunststoff	408×362	1
5	Querbretter L rechts	19-mm-Kunststoff	680×380	5
6	Querbrett L unter Klappe	19-mm-Kunststoff	680×362	1
7	Türen L oben	16-mm-Kunststoff	980×335	2
8	Türen L unten	16-mm-Kunststoff	508×335	2
9	Klappe L links	16-mm-Kunststoff	404×215	1
10	Klappe L rechts	16-mm-Kunststoff	676×215	1
11	Sockelleiste L vorn	16-mm-Kunststoff	1115×61	1
12	Sockelleisten L M R	16-mm-Kunststoff	315×61	7
13	Sockelleisten L M R	Weichholz	30×30×25	4
14	Aufsatz L	16-mm-Kunststoff	1145×310	1
15	Stützbretter L M R	16-mm-Spanplatte	220×260	6
16	Aufsatz M	16-mm-Kunststoff	1310×310	1
17	Querbretter M	19-mm-Kunststoff	1310×380	4
18	Querbretter M unter Klappe	19-mm-Kunststoff	1310×362	1
19	Sockelleiste M vorn	16-mm-Kunststoff	1310×61	1
20	Aufsatz R	16-mm-Kunststoff	1195×310	1
21	Querbretter R o+u	19-mm-Kunststoff	1195×380	2
22	Querbretter R	19-mm-Kunststoff	1157×380	5
23	Querbrett R unter Klappe	19-mm-Kunststoff	1157×362	1
24	Klappe R	16-mm-Kunststoff	624×215	1
25	Zwischenbrett R	19-mm-Kunststoff	220×380	1
26	Sockelleiste R vorn	16-mm-Kunststoff	1165×61	1
27	Rückwand L	Hartfaserplatte 5 mm	2299×1135	1
28	Rückwand M	Hartfaserplatte 5 mm	789×1310	1
29	Rückwand R	Hartfaserplatte 5 mm	2299×1185	1

Ein Super-Ausruhsessel

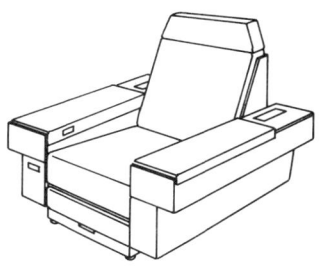

Wer in diesem Kurzlehrgang »Tischlern leicht gemacht« bis hierhin gekommen ist, kann sich getrost auch an kompliziert erscheinende Objekte wagen. Das Konstruktionsprinzip ist im Grunde immer dasselbe, gleich, ob es sich um An- oder Einbauschränke, Arbeits- oder Schreibtische, schicke Anrichten oder bildschöne Hängeregale, ja sogar Sessel und ausgefallene Sitzgarnituren, dreh- und rollbare Phono/TV-Würfel oder Dia/Filmotheken handelt. Das technische Know-how, auf gut deutsch: Gewußt-wie, ist weniger entscheidend, als der Einfall selbst und die gestalterisch gefällige Ausführung – das design.

Hier wollen wir nur einen Einfall kurz skizzieren – den Super-Ausruhsessel. Eine Idee mit durchaus realistischem Hintergrund. Die genaue und ausführliche Baubeschreibung werden Sie in einem weiteren Band dieser *Fachwissen für Heimwerker*-Reihe finden, der in Vorbereitung ist.

Jeder Streß-geplagte Mensch, der nach vollbrachtem Arbeitstag nach Hause zurückkehrt, braucht eine gewisse Zeit zum Ab- und Umschalten. Der Super-Ausruhsessel, den man nirgendwo kaufen kann, bietet dazu alle Möglichkeiten. Man sieht es ihm nicht an, was er so alles aufzuweisen hat. Nehmen Sie Platz. Es erwarten Sie ein eingebautes Stereo-Rundfunkgerät, kombiniert mit einem Stereo-Kassettenrecorder, zwei Stereo-Lautsprecher, ein Stereo-Kopfhörer, eine Flaschenbar, Zeitschriften- und Krimi-Bibliothek, verstellbare Rückenlehne und ausziehbare gepolsterte Fußstütze.

Beide Armlehnen kann man hochklappen. Selbstverständlich sind sie gepolstert. Fangen Sie mal rechts an, so weit zurück wie es geht. Die Klappe bleibt senkrecht stehen. Hier ist eine komplette Hifi-Stereo-Zentrale mit UKW, Lang-, Mittel- und Kurzwellenteil eingebaut. Und der Clou: In einem Gerät sind Radio und Stereo-Kassettenrecorder miteinander vereinigt. Also Musik nach Wahl. Und das im doppelten Sinne. Man kann sie laut über die rückwärts in den Armlehnen versenkten Stereo-Lautsprecher oder aber über einen Hifi-Kopfhörer hören. Dazu braucht man nur einen Schalter umzulegen, der

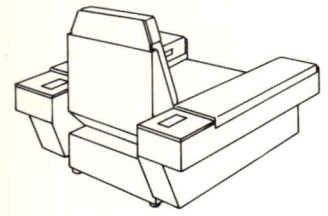

sich auf einem Umschaltkästchen befindet, das zweckmäßig in dem Kassettenfach unmittelbar neben dem Gerät angeordnet worden ist.

Nun klappen Sie einmal die linke Armlehne hoch. Damit öffnen Sie die Bar. Platz genug für jegliche flüssige Aufmunterungsmedizin oder die Lieblingseinschlaftröpfchen samt Gläsern. Gleich nebendran in einem Extrafach der fertig angeschlossene Stereo-Kopfhörer, griffgerecht zum Herausnehmen. Wenn's in der Umgebung zu laut ist (weil die Familie am Fernseher sitzt) oder die Stereo-Musik zu einem besonders intensiven Erlebnis werden soll — hier ist die praktische Lösung.

Das ist aber noch nicht alles, was der Supersessel bietet. Im rechten Armlehnenteil ragt aus dem abgedeckten Lautsprecherfach ein kleiner Hebel in das Kassettenfach hinein. Durch leichtes Anheben wird die Rückenlehne ausgerastet. Sie ist nach vorn abgefedert. Mit dem Rücken kann man sie nach hinten drücken und in jeder gewünschten Schräglage wieder einrasten.

Um schließlich den Liegekomfort noch zu vervollständigen, befindet sich im Sessel-Mittelteil unter der Sitzfläche eine ausziehbare Fußstütze, natürlich ebenfalls weich gepolstert. Einfach heraus- und hochziehen. Zwei Feststeller halten sie in passender Höhe. Das Entriegeln geschieht ganz einfach durch nochmaliges Anheben der Fußstütze.

Auch an die Lesefreunde wurde gedacht. Der untere Teil der rechten Armlehne enthält ein nach vorn ausziehbares Fach, in dem reichlich Platz für Tageszeitungen, Zeitschriften und Lieblingslektüre ist.

Der Selbstbau bietet wirklich keine besonderen Schwierigkeiten. Das hier vorgestellte Modell wurde aus 13 und 16 mm Feinspanplatten gebaut, die man sich nach Stückliste im Hobby-Geschäft fertig zuschneiden läßt. Die Beschichtung erfolgt nach Fertigstellung der Rohteile mit schwarzer Lederstruktur-Selbstklebefolie. Die Polster bestehen aus Schaumstoff, der in Fachgeschäften oder im Kaufhaus nach Zeichenkartonvorlagen passend zugeschnitten wird und nur noch mit einem schikken Bezugsstoff nach eigenem Geschmack bezogen zu werden braucht. Die Vorder- und Rückansicht zeigt das einfache Konstruktionsprinzip.

Eine Gartenlaube für frohe Stunden

*Wer ein Stück Garten besitzt, kann eine Laube gut ge-
brauchen. Das hier gezeigte Modell dürfte vielen Wün-
schen entgegenkommen. Unter seinem Dach haben acht
Personen Platz. Fertig aufgebaut ist die Laube so leicht,
daß man sie zu zweit leicht an jede Stelle des Gartens
tragen kann. Sie ist andererseits auch stabil genug für
einen handfesten Dauerskat. Und wenn sie im Herbst
nicht mehr gebraucht wird, ist sie mit wenigen Handgriffen zum Überwintern in raumsparende flache Teile
zerlegt.*

Als Baumaterial kommt ausschließlich Hartholz in Frage.
Das kann Eiche oder Buche sein. Dieses Modell wurde
mit Eiche gebaut, die wegen der überragenden technischen Eigenschaften des Holzes, seiner Dauerhaftigkeit
und schließlich seiner schönen Maserung von keiner
anderen heimischen Holzart übertroffen wird. Allerdings
müssen Sie für das Holz mit einer größeren Ausgabe
rechnen.

Die Gartenlaube ist so konstruiert, daß schwierige Holzverbindungen wie Schlitz und Zapfen sowie Dübeln nicht
erforderlich sind. Nur beim Dach sind einfache Eckplat-
tungen angewendet worden. Zum Zusammenfügen der
einzelnen Teile wurden außer Kaltleim M-6-Gewinde-
schrauben mit Sechskantmuttern verwendet. An den
Soll-Trennstellen befinden sich Flügelmuttern. Durch sie
wird der Auf- und Abbau der Laube zum Kinderspiel.

Lassen Sie die Bretter und Kanthölzer vom Tischler fertig zuschneiden. Vergleichen Sie nach Möglichkeit ruhig
ein paar Angebote, es lohnt sich! Die eigene Holzarbeit
beschränkt sich auf nur wenige Teile.

In den Zeichnungen sind die Bauteile in der Reihenfolge
ihres Zusammenbaus numeriert. Für die Bestellung in
einem Heimwerkerbedarfsgeschäft empfiehlt es sich, die
Liste etwas umzuordnen, das heißt die Teile nach Mate-
rialstärke und Größe aufzuführen. Zweckmäßig wäre für

den Tischler demnach die Reihenfolge 1, 2, 3, 8, sodann 4, 5, 6, 7, 9, 11, 12 und als letzten Zuschnitt die Nummern 10 und 13.

Teil 1 sollten Sie am besten aufzeichnen und die Maße sowie die rechten Winkel eintragen. Berücksichtigen Sie bitte auch, daß Holzfachleute gewohnt sind, in Zentimetern zu rechnen. Kommen Sie dem etwas entgegen und schreiben Sie die bei uns üblichen Millimeterangaben in cm um.

Besorgen Sie inzwischen noch den Kaltleim und die Gewindeschrauben. Der Berg Bretter und Kanthölzer, den Sie schließlich nach Hause transportieren, lichtet sich schnell, wenn Sie erst mit dem Zusammenbau beginnen.

Zeichnung 2 zeigt einen der beiden Seitenträger mit allen Abmessungen. Er besteht aus der Traverse (3), auf der die Tischstützen (1) und Bankstützen (2) aufgeleimt und festgeschraubt sind. Beachten Sie dabei bitte folgendes:

Aus Zeichnung 4 ist ersichtlich, daß die fertig montierten Tischstützen (1) oben mit dem Tischplatten-Rahmenteil (6) verschraubt werden. Die Tischbretter (7) sollen auf den Tischstützen (1) aufliegen. Von der sauberen Ausführung dieser Verbindung hängt wesentlich der spätere feste Halt der Tischplatte ab. Deshalb verschrauben Sie zunächst ein Tischstützen-Paar (1) mit je einem Rahmenteil (6). Am besten geht das so vor sich:

Die zusammengehörigen Tischstützen (1) auf zwei Leisten flach auslegen. Eine hochkant dazwischen gelegte Tischabstützstrebe (4) gewährleistet den richtigen Abstand. Eine dicke Kordel, die etwa in der Mitte darum geknotet wird, hält die beiden Stützen zusammen. Nun klemmen Sie oben mit zwei Schraubzwingen das Rahmenteil (6) so an, daß dessen Oberkante mit der Oberkante der Tischstützen bündig ist. Nach Anzeichnen und Körnen können die Bohrungen mit einem 6-mm-Bohrer ausgeführt werden. Zum Verschrauben verwenden Sie 60 mm lange Gewindeschrauben mit Unterlegscheiben und Flügelmuttern.

Das so verbundene Tischstützen-Paar klemmen Sie dann genau in der Mitte der Bank-Tisch-Traverse (3) fest. Dabei mit dem Zollstock genau nachmessen, damit das Rahmenteil (6) mit der Traverse (3) genau parallel verläuft. Nun können Tischstützen-Paar und Traverse (3) gemeinsam gebohrt werden. Markieren Sie vor dem Abnehmen der Schraubzwingen mit je einem Bleistiftstrich entlang der Außenkanten die Lage der Tischstützen auf der Traverse, die anschließend zwischen diesen Strichen einen satten Kaltleim-Aufstrich erhält. Gewindeschrauben mit Sechskantmuttern sichern die Verbindung.

190 mm von den Enden der Traverse (3) werden die Bankstützen (2) angesetzt und mit Hilfe eines Winkels oder einer Reißschiene genau senkrecht ausgerichtet, festgeklemmt und gebohrt. Danach wieder Anzeichnen, Leim auftragen und mit Sechskantmuttern verschrauben.

Die Zusammenstellung der fünf Bretter für die Tischplatte (siehe Zeichnung 3) darf sich nicht ausschließlich nach dem Maserungsverlauf richten. Vielmehr zeigen die Stirnseiten der Bretter an, in welche Richtung sich das Brett voraussichtlich wölben wird.

Greifen Sie nun zunächst das Mittelbrett heraus. Auf seiner Unterseite sind zwei Tischplattenrahmen-Längs-

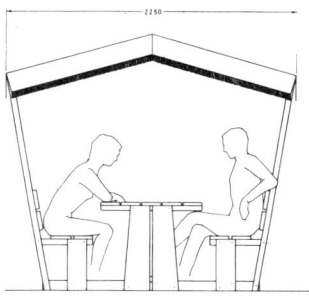

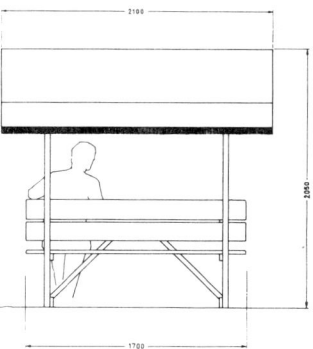

Zeichnung 1

Zeichnung 2

103

teile (5) aufzuleimen und mit je drei M-6-Gewindeschrauben zu sichern. Als Abstandhalter dient wieder eine hochkant zwischen die Rahmenlängsteile (5) gelegte Tischabstützstrebe (4).

Auch hier der gleiche Arbeitsvorgang: Rahmenlängsteil (5) festklemmen, genaue Lage in Längsrichtung und gleiche Abstände von den Enden des Brettes nachmessen, bohren, leimen und verschrauben. Verwenden Sie dazu 70 mm lange M-6-Senkkopfgewindeschrauben mit Unterlegscheiben und Sechskantmuttern. Die auf der Tischplatten-Oberseite herausstehenden Schraubenköpfe werden erst später versenkt, nachdem der Leim abgebunden hat. Ebenso erhalten die beiden Außenbretter auf ihrer Unterseite je ein Rahmenlängsteil (5). Nun stellen Sie die beiden montierten Seitenträger parallel ausgerichtet auf und klemmen Sie zunächst das Mittelbrett der Tischplatte mit den Schraubzwingen fest. Richten Sie die Seitenträger genau senkrecht zum Tischplatten-Mittelbrett aus, ehe Sie bohren, leimen und verschrauben.

Als nächstes sind die Tischabstützstreben (4) einzubauen. Zeichnung 4 zeigt im unteren Teil vergrößert, wie die Nut einzusägen ist, mit der die Tischabstützstrebe (4) über die Bank-Tisch-Traverse (3) greift.

Zum Aussägen verwendet man zweckmäßig eine Laubsäge. Das obere Ende der Strebe (4) muß noch abgerundet werden. Anschließend wird der Fuß zwischen den beiden Tischstützen (1) eingerastet und oben zwischen den beiden Längsstreben (5) des Tischplattenrahmens mit einer Schraubzwinge festgeklemmt.

Es empfiehlt sich, mit Winkel oder Reißschiene noch einmal nachzuprüfen, ob Tischstützen (1) und Tischplatte im rechten Winkel zueinander stehen, dann die Bohrung für die 80 mm lange Gewindeschraube ausführen. Ist auch die zweite Schraube auf gleiche Weise montiert, stehen die beiden Seitenträger unverrückbar fest.

Als nächstes klemmen Sie eines der beiden äußeren Tischplattenbretter fest, bohren, verleimen und verschrauben es. Dann das gegenüberliegende Außenbrett

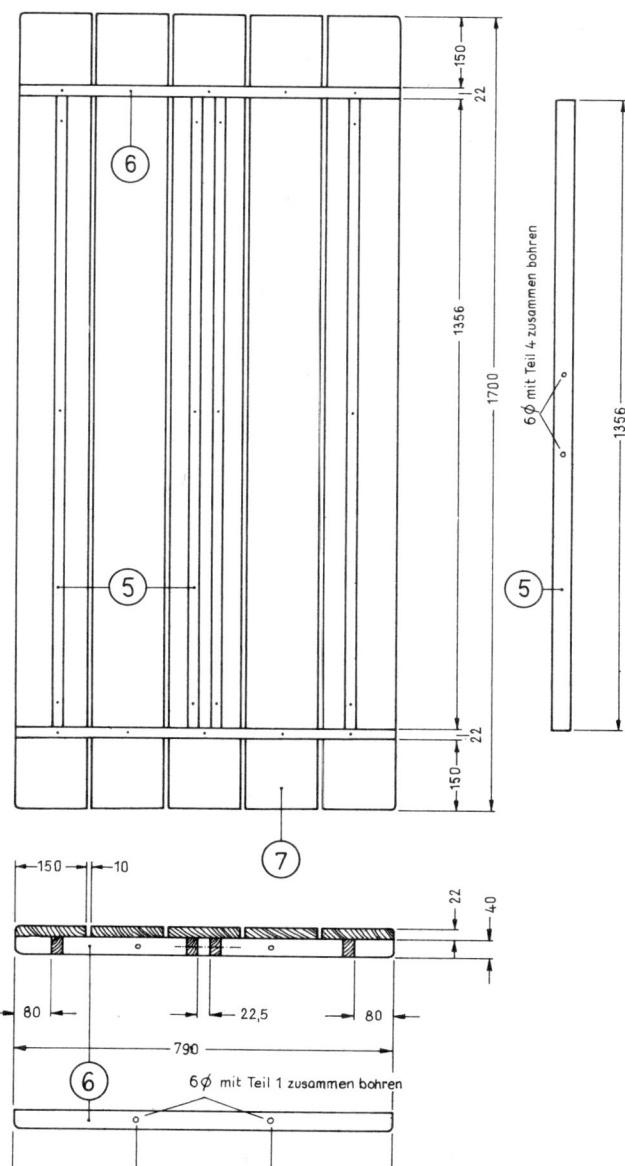

150
22

1356

1700

6 ⌀ mit Teil 4 zusammen bohren

1356

6

5

5

22
150

7

150 — 10

22
40

80

22,5

80

790

6

6 ⌀ mit Teil 1 zusammen bohren

254

282

254

Zeichnung 3

105

Zeichnung 4

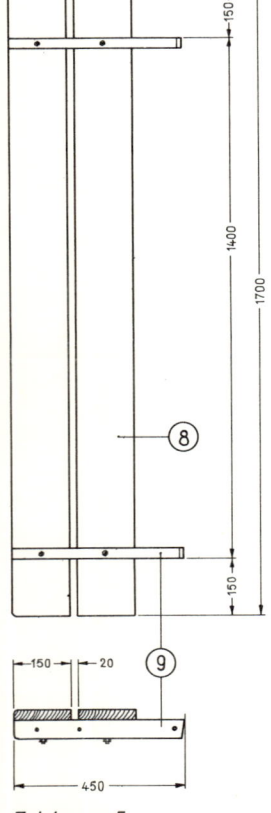

Zeichnung 5

und schließlich die restlichen Bretter auf die gleiche Weise befestigen. Nach etwa drei Stunden hat der Leim abgebunden, so daß die Tischplatte abgenommen werden kann.

Nun alle Schrauben, deren Köpfe auf der Tischplatten-Oberfläche heraussstehen, entfernen und mit einem 10-mm-Bohrer die Versenkungen vornehmen. Nach dem Wiederverschrauben ist die Tischplatte fertig für die Montage. Die spätere Montage können Sie sich wesentlich vereinfachen, wenn Sie Tischstützen und Tischplattenrahmen mit übereinstimmenden Buchstaben oder Zahlen kennzeichnen.

Zeichnung 5 zeigt eines der beiden Bankteile. Es besteht aus zwei 28 mm dicken Bank-Sitzbrettern (8), die mit den 450 mm langen Sitzbretter-Trägern (9) verleimt und verschraubt sind. Gehen Sie hier ähnlich wie bei der Tischplatte vor. Also zuerst die Sitzbretter-Träger (9) so an die Bankstützen (2) anklemmen, daß die Oberkanten bündig sind und das dem Tisch zugewandte Ende 35 mm über die Bankstütze vorsteht. Wenn alle Sitzbretter-Träger angeschraubt sind, kleben Sie die oberen Stirnkanten der Sitzstützen mit Tesafilm ab. So können die Sitzbretter auf die Träger (9) geleimt werden, ohne daß überquellender Leim gleichzeitig eine unerwünschte Verbindung mit den Sitzstützen ergibt.

106

Nachdem Sie die oberen Kanten der Bankbretter gebrochen haben, wird das dem Tisch zugewandte Bankbrett festgeschraubt. Der Spalt zwischen dem vorderen und dem nun zu montierenden hinteren Bankbrett wird eine Breite von 15 mm haben. Sind beide Bänke mit den Seitenträgern unter Verwendung von Flügelmuttern verschraubt, werden Sie merken, daß Tisch und Bänke schon jetzt eine stabile Einheit bilden.

Versehen Sie alle Dachstützen (10) am oberen Ende mit einer Plattung zur Aufnahme der Dach-Längsträger (11), wie es in Zeichnung 6 zu erkennen ist. Senkrechter Sägeschnitt also, 40 mm tief, quer dazu ein 22 mm tiefer Einschnitt. Beim anschließenden Festklemmen, Bohren und Verschrauben mit der Bank-Tisch-Traverse (3) bitte darauf achten, daß die herausgesägte Plattung nach außen, also an die tischabgewandte Seite zu liegen kommt. Festschrauben mit Flügelmuttern.

Bevor Sie nun die Dachstützen (10) mit den Sitzbretter-Trägern (9) verschrauben, muß das Dach gebaut werden. Erst durch Anpassen eines der drei Dachbinder kann nämlich exakt die Schräge der Dachstützen werden, um dann deren Verschraubung mit den Sitzbretter-Trägern (9) vorzunehmen.

Bereiten Sie als erstes die First-Kupplungsstücke (12) vor. In Zeichnung 6 oben sind die Maße zur genauen Fixierung der Abschrägung eingetragen. Oben an der Spitze muß eine 20 × 20 mm Aussparung für den Dach-Mittelträger (11 b) herausgesägt werden. Haben Sie den Dach-Mittelträger (11 b) und die beiden seitlichen Dach-Längsträger (11 a) entsprechend den Maßangaben in Zeichnung 6 gesägt, können auch die Dach-Querträger (13) am Firstende abgeschrägt und mit den Kupplungsstücken (12) verschraubt werden.

Stellen Sie bei den einzelnen Querträgern eine Durchbiegung fest, sollte die Wölbung der späteren Belastung wegen nach oben liegen.

Am besten baut man die einzelnen Dachbinder [= Kupplungsstück (12) mit Querträgern (13)] nacheinander, damit der erste fertige, mit Sechskantmuttern verschraubte Dachbinder hinsichtlich der einheitlichen Schräge als Muster dienen kann.

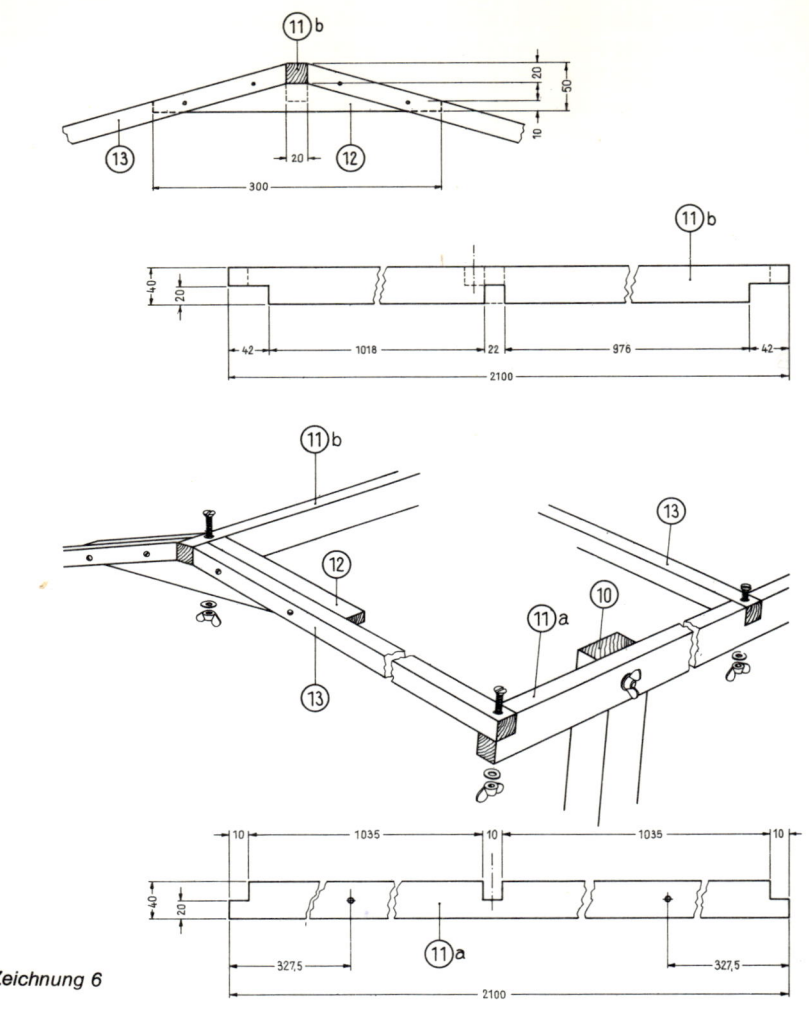

Zeichnung 6

Zur Montage des Daches fixieren Sie zunächst die seitlichen Dach-Längsträger (11a) an den Dachstützen (10)
und führen die Bohrungen aus. Daben unbedingt darauf
achten, daß die unten an der Traverse (3) bereits angeschraubten Dachstützen (10) fest an den Sitzbretter-

Trägern (9) anliegen. Um nun zur gleichmäßigen Schräg-
stellung der Dachstützen (10) zu kommen, klemmen Sie
einen der Dachbinder mit zwei Schraubzwingen an den
vorgesehenen Stellen der seitlichen Dach-Längsträger
(11a) fest. Dann richten Sie die Dachstützen (10) aus und
markieren ihre Lage an den Sitzbretter-Trägern (9). Nun
können dort die Bohrungen vorgenommen und die Dachstützen endgültig unter Verwendung von Flügelmuttern
angeschraubt werden.

Jetzt fehlen noch die Banklehnen (7). Wählen Sie die
Höhe des oberen Brettes nach eigenem Ermessen. Das
untere Brett soll mit 2 cm Abstand angesetzt werden. Die
Banklehnen sind ebenso wie die seitlichen Dach-Längsträger (11a) mit den Dachstützen (10) zu verleimen und
zu verschrauben. Damit ist ein fester Verband geschaffen,
der die Stabilität der Laube weiter erhöht.

Teilen Sie die 5,70 m lange Bahn Markisenstoff oder Zelt-
leinwand genau in der Hälfte, so daß zwei Streifen von
je 2,85 m Länge entstehen. Diese werden in der Mitte
einfach um 2 cm überlappt und mit zwei Nähten zusam-
mengesteppt. Ein Säumen der Ränder ist nicht erforderlich, da ja später die weiße Litze noch angenäht wird.

Die Bespannung ist nun so aufzulegen, daß die Mittel-
naht genau über dem mittleren Dachbinder verläuft. An
den Ecken und am Dachfirst schlagen Sie den Stoff nach
innen ein und stecken zum anschließenden Nähen mit
Nadeln ab. Gleich darauf kann die Litze rundum angenäht
werden.

Nach dem Auflegen der fertigen Dachbespannung sind
noch insgesamt 14 Schlaufen aus 20 mm breiten Textil-
band als Windsicherung anzunähen, fünf an jeder Längs-
seite, je zwei an den Stirnseiten. Die Enden sollen so
lang sein, daß man sie bequem um die Dachleisten bin-
den und zu Schleifen verknoten kann.

Bevor die Laube an ihrem vorgesehenen Platz aufgestellt
wird, muß sie noch einmal in ihre größeren Bestandteile
zum Streichen oder Lackieren zerlegt werden. Alle Teile
erhalten einen doppelten Anstrich aus farblosem Lack.
Wollen Sie Ihre Gartenlaube farbig streichen, zum Beispiel Feuerrot oder Weiß, muß vorher grundiert werden.

Stückliste, Gartenlaube

Nr.	Bauteil	Material	Ab-messungen in mm	Anzahl
1	Tischstützen	Hartholz 28 mm dick	200×700	4
2	Bankstützen	Hartholz 28 mm dick	150×420	4
3	Bank/Tisch-Traverse	Hartholz 28 mm dick	80×1680	2
4	Tischabstützstreben	Hartholz 22 mm dick	40×950	2
5	Tischplattenrahmen längs	Hartholz 22 mm dick	40×1356	4
6	Tischplattenrahmen quer	Hartholz 22 mm dick	40×790	2
7	Tischbretter + Banklehnen	Hartholz 22 mm dick	150×1700	9
8	Bank-Sitzbretter	Hartholz 28 mm dick	150×1700	4
9	Sitzbretterträger	Hartholz 22 mm dick	50×450	4
10	Dachstützen	Hartkantholz 45×45	1760 lang	4
11	Dach-Längsträger	Hartholz 22 mm dick	40×2100	3
12	First-Kupplungsstück	Hartholz 22 mm dick	50×300	3
13	Dach-Querträger	Hartkantholz 20×20	1170 lang	6
14	Gewindeschrauben mit Zylinder- oder Sechskantkopf mit Senkkopf	Eisen M 6	60 lang 80 lang 70 lang 80 lang	44 18 31 8
	Sechskantmuttern Flügelmuttern	Eisen M 6 Eisen M 6		70 31
15	Dachbespannung Weiße Litze mit Fransen	Markisenstoff	1,20 m breit, 5,60 m lang ca. 6 cm breit, 9 m lang	
16	Sturmband		20 mm breit, 3 m lang	

Stichwortregister

Bildnachweis: Titelbild Metabowerke KG, 744 Nürtin-
gen; Bild 19a Ernst Dünnemann, 2841 Wagenfeld; Bild
21a Diezel & Panne GmbH, 5885 Schalksmühle 1; Bild
27a J. C. & Alb. Zenses, 563 Remscheid 15; alle anderen
Illustrationen G. B. Weber.

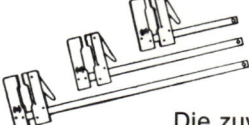

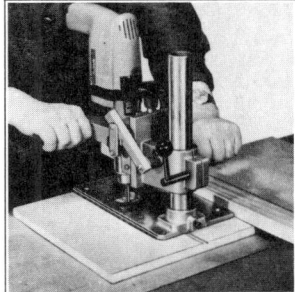

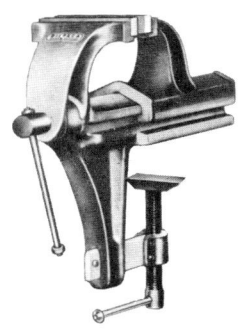